www.tredition.de

AF204398

Angelika Bull

Seelenreise KOMA

Wenn du deinen Weg verloren hast,
versuche ihn wiederzufinden
oder suche dir einen neuen,
aber bleib niemals stehen.

www.tredition.de

© 2016 Angelika Bull

Verlag: tredition GmbH, Hamburg

ISBN
Paperback   ISBN 978-3-7345-6632-5
Hardcover   ISBN 978-3-7345-6633-2
e-Book   ISBN 978-3-7345-6634-9

Bibliografische Information der Deutschen Nationalbibliothek:
Die Deutsche Nationalbibliothek verzeichnet diese Publikation in der Deutschen Nationalbibliografie; detaillierte bibliografische Daten sind im Internet über http://dnb.d-nb.de abrufbar.

Die Fragen aller Fragen

Du blickst zurück, du siehst ein Kind
und schaust es fragend an.
Weißt *du* nicht, wer wir wirklich sind,
du bist noch so nah dran …

Deine Seele räuspert sich,
sie hat noch sehr viel vor.
Spürbar inspiriert sie dich;
das braucht kein offnes Ohr.

Lebe und erfahre dich,
die Wahrheit zeigt sich dir im Sein.
Gottes Fenster öffnet sich
und die Erinnrung holt dich ein.

von Heinz Stolley
aus dem Buch: Ein Wechselbad der Gefühle
ISBN 978-3-8495-9124-3

K wie Kontrolle

Solange du Kontrolle über dich hast, solange du zu wissen glaubst, was Wirklichkeit und was Wahrheit ist, scheint deine Welt klar und verständlich zu sein.

O wie Ohnmacht

Wenn du die Kontrolle verlierst, sich Vision und Wirklichkeit vermischen, beginnst du zu ahnen, dass da noch mehr ist, als deine reale Welt. Vielleicht sind Visionen in Wahrheit andere Wirklichkeiten.

M wie Macht

Du hast die Kraft Ohnmacht in Macht zu verwandeln - wenn du an dich selbst glaubst.

A wie Ausweg

Es gibt immer einen Weg. Entscheide dich und trage die Konsequenzen - bevor andere deinen Weg bestimmen.

20.Juli

Kommissar Steve Fabian sah sich in der kleinen Mansarde um. Der Raum wirkte durch das große Dachfenster sehr hell und freundlich.

Steve sah einen verspielt eingerichteten Raum und überall saßen kleine Figuren in Form eines Clowns oder Harlekins herum. Noch nie hatte er so viele verschiedene Clowns gesehen. Fröhliche Gesichter und traurige - die gesamte menschliche Mimik war hier auf kleinstem Raum vertreten. Die meisten Figuren hatten einen mit bunten Kostümen bekleideten Stoffkörper, wobei die Hände, Füße und Köpfe aus Porzellan gefertigt waren. Alle hatten sie fein gezeichnete Gesichtszüge und jede Puppe für sich war ein kleines Kunstwerk. Auch die Kissen auf dem Sofa hatten einen Clown als Motiv. Der Teppich war in einem dunklen Blau gehalten und die Wände dazu in zartblau abgestimmt. Die Möbel waren weiß lackiert und auch die Regale waren mit Clowns bestückt. Sie dienten zum Teil als Buchstützen, aber es lagen auch CDs dazwischen. Die Bewohnerin dieses Zimmers hatte ihre eigene Vorstellung von Ordnung.

Warum hatte sie versucht sich umzubringen? Steve sah sich die Fotos an, die an der Wand hingen. Alle zeigten Bühnenbilder aus Musicals und überall war dasselbe Mädchen zu sehen.

Das musste sie sein! Sie war eine hübsche junge Frau, nur ein paar Jahre jünger als Steve, sah aber mit ihren sechsundzwanzig Jahren aus wie zwanzig. Ihre Zimmerwirtin beschrieb sie als sehr begabt und als ein fröhliches Geschöpf - bis vor ein paar Monaten ihr Freund bei einem Unfall ums Leben kam. Steve betrachtete nachdenklich die Bilder. `Also ein Selbstmordversuch? Aus Kummer ? Aus einem Gefühl der Traurigkeit heraus? Wie tragisch!´ Steve schüttelte den Kopf während er überlegte. `Hoffentlich überlebt sie, damit sie mir ihre Geschichte erzählen kann.´

Er nahm ein kleines Foto von der Wand. „Lisa...ein schöner Name", murmelte er vor sich hin.

„Er passt zu einem wunderbaren Mädchen", erwiderte eine Stimme hinter ihm. Steve drehte sich um und sah die Vermieterin in der Tür stehen. „Sie war ein so liebes Kind. Warum hat sie mit mir nicht über ihren Kummer gesprochen, vielleicht hätte ich ihr helfen können."

Martha Stone nahm Steve das Foto aus der Hand, sah es traurig an und sagte: „Als ich sie heute hier im Zimmer fand... oh, es war so entsetzlich!" Sie konnte nicht weitersprechen, ihr liefen die Tränen über das Gesicht und verlegen wischte sie sich mit den Fingern über die Wange.

Nach einer Weile fand sie ihre Fassung wieder und sagte zu Steve: „Ich habe eine Kanne Tee gemacht, bitte kommen Sie mit ins Wohnzimmer. Ich möchte Ihnen mehr über Lisa erzählen."

Beide gingen eine Wendeltreppe hinunter und betraten ein geräumiges Zimmer mit einer lindgrünen Sitzecke vor einem großen Eckfenster, auf dessen Fensterbank viele blühende Blumen standen. Nachdem sie sich gesetzt und einen Schluck Tee getrunken hatten, nahm Frau Stone wieder das Foto in die Hand, welches sie zuvor auf einen kleinen Tisch gelegt hatte.

„Wissen Sie Herr Fabian, dass Lisa eine wunderschöne Stimme hat? Sie hat lange in einem Musical gesungen, zusammen mit ihrem Freund Tom. Auch Tom war ein wunderbarer Sänger und wenn beide zusammen auf der Bühne standen, hat man die raue, reale Welt außerhalb des Theaters einfach vergessen. Der Zuhörer wurde in eine Traumwelt entführt - zu flüchtig, um Bestand zu haben und zu schön, um wahr zu sein. Tom und Lisa waren ein ideales Paar, auf der Bühne und privat - für die Ewigkeit gedacht." Frau Stone seufzte, legte das Foto umgedreht auf den kleinen Tisch zurück und umklammerte ihre Tasse, als suche sie irgendwo Halt. Als das Telefon im Flur schrillte, zuckte sie erschrocken zusammen. Sie ging in den Flur und nahm den Hörer ab. Steve konnte nicht verstehen was sie sprach, und als sie zurückkam, sah er, dass sie wieder weinte.

Schluchzend sagte sie: „Es war das Krankenhaus. Lisa liegt im Koma, die Ärzte können nichts weiter tun als abzuwarten." Steve wusste nicht, wie er sie trösten könnte: „Es tut mir sehr leid. Sie stehen ihr wohl sehr nahe?" „Ja, sie hat keine Familie mehr, sie ist wie eine Tochter für mich."

Wieder saßen beide eine Weile schweigend da bis Steve fragte: „Ist Ihnen in den letzten Tagen etwas ungewöhnliches an Lisa aufgefallen?" Frau Stone schüttelte den Kopf. „Nein, sie war so still wie immer seit Toms Tod. Manchmal habe ich versucht mit ihr darüber zu reden, doch sie sagte immer nur ´es gibt nichts darüber zu sagen´. Sie schien so gefasst zu sein. Gar nicht wie jemand der Selbstmord begehen würde. Ich verstehe das alles nicht."

Steve fragte behutsam: „Vielleicht hat sie den Tod ihres Freundes nie verkraftet und spielte Ihnen etwas vor?" Frau Stone widersprach energisch: „Lisa glaubte an ein Leben nach dem Tod. Sie hatte keine Vorstellung wie es sein würde, aber für sie war das so, als ginge man durch eine Tür, mehr nicht. Ihre Eltern sind früh gestorben und sie sagte einmal zu mir, dass sie sie wiedersehen würde - eines Tages. Sie sagte mehrmals ´man bringt sich nicht um´. Ja, das sagte sie, so dachte sie eben. Deshalb passt ein Selbstmord nicht zu Lisas Einstellung. Es passt einfach nicht!"

„Ich werde mich noch einmal in Lisas Zimmer umsehen, vielleicht finde ich etwas, was Licht in das Ganze bringt", sagte Steve und stand auf. Er nahm das Foto vom Tisch und ging zurück in Lisas Zimmer.

Es fröstelte ihn ein wenig, als er den Raum betrat, umgeben von Lisas Gedanken und Emotionen - umgeben von dem Wunsch zu sterben? Steve sah auf das Thermometer neben der Tür, es zeigte vierundzwanzig Grad Celsius an, es konnte hier nicht kalt sein...und doch war es so. Vorhin war es ihm auch schon aufgefallen, aber er dachte es sei Einbildung.

„Es ist kalt in diesem Raum, seit Monaten ist es kalt hier. Genauer gesagt, seit Toms Tod."

Frau Stone war Steve gefolgt und bemerkte seinen Blick zum Thermometer. Sie fuhr fort: „Warum war ich nur ausgerechnet heute morgen nicht im Haus? Wäre ich hier gewesen, hätte ich es vielleicht verhindern können oder ich hätte sie früher gefunden und sie läge vielleicht nicht im

Koma." „Manchmal geschehen Dinge einfach", sprach Steve mehr zu sich selbst als zu Frau Stone.

„Mag sein, aber es war wie verhext heute", erwiderte diese. „Ausgerechnet heute früh zerbrach meine Kanne von der Kaffeemaschine, ich habe sie wohl nicht richtig auf den Tisch gestellt. Jedenfalls fiel sie zu Boden und zerbrach in tausend Scherben. Ich bin ja eigentlich Teetrinkerin, aber meine Freundinnen halten lieber Kaffeeklatsch ab und heute Nachmittag hätte das bei mir stattfinden sollen. Also bin ich schnell losgelaufen, um mir eine neue Kanne zu besorgen. Und dann ging wieder alles schief. Erst fand ich keine passende Kanne, dann brach der Absatz von meinem Schuh ab, so dass ich noch zu einem Schnellschuster musste und zuletzt fuhr mir die Bahn davon. Ich musste eine Dreiviertelstunde warten." „Ja, manchmal passiert so etwas", meinte Steve nachdenklich, während er sich weiterhin im Zimmer umsah. „Frau Stone, wenn es Ihnen nichts ausmacht, wäre ich gerne einen Augenblick allein in diesem Raum." Steve sagte dies freundlich, aber bestimmt. Frau Stone nickte wortlos.

Sie schloss die Tür und überließ Steve sich selbst. `Vielleicht finde ich einen Abschiedsbrief oder ein Tagebuch´, überlegte Steve. Aber so sehr er auch suchte, er fand kein Tagebuch und im

Laptop gab es auch keine Hinweise. Steve leerte schließlich den Papierkorb. Er fand einen Einkaufszettel und einen angefangenen Brief, den er sich genauer ansah:

20.Juli, 3:00

Liebe Carol, wieder einmal kann ich nicht schlafen und wieder einmal erfasst mich eine große Traurigkeit. Ich muss wieder an Tom denken. Dieser 'Unfall' damals...du weißt, was ich meine. Ich werde das Lied nicht los und höre es überall. Ich habe Alpträume und fühle mich beobachtet. Mir ist wieder so furchtbar kalt. Manchmal denke ich, ich werde verrückt...

Der Rest des Briefes war nicht mehr zu entziffern, da die Schrift zittrig und dadurch unleserlich war.

`Der 20. Juli war heute. Was war geschehen? Sie schrieb den Brief und irgendetwas musste sie plötzlich veranlasst haben, Schlaftabletten zu nehmen. War es Absicht oder hat sie aus Versehen aufgrund ihrer Verwirrtheit eine Überdosis genommen?´ überlegte Steve. Wenn es kein Versehen war, könnte es tatsächlich eine Kurzschlusshandlung gewesen sein. Bei der Durchsicht des Zimmers hatte er ein Notizbuch mit Namen und Telefonnummern gefunden, jetzt nahm

er es in die Hand und suchte nach dem Namen Carol. Er fand ihn aber nicht und Frau Stone kannte diesen Namen auch nicht.

`Wer war Carol? Ich hätte ihr gerne ein paar Fragen gestellt... ach was... es ist einfach nur ein persönliches Drama. Fertig! Warum mache ich mir Gedanken darüber?´ Steve rief sich zur Ordnung, er konnte hier nicht ewig bleiben. Es war spät geworden und er hatte noch einiges aufzuarbeiten. Gedankenverloren steckte er den Brief ein.

Als er sich von Frau Stone verabschiedete, bat er um ein Foto von Lisa und darum, das Zimmer so zu lassen wie es war. Sein Anliegen erstaunte ihn selbst, denn er hatte eigentlich keine Veranlassung noch einmal wiederzukommen. Und doch war ihm, als wäre er nicht das letzte Mal hier gewesen.

Im Büro angekommen schrieb Steve seinen Bericht und damit war für ihn die Angelegenheit offiziell erledigt. Wenn er doch nur den Rest des Briefes lesen könnte...

Steve galt als ausgezeichneter Kriminalist, mit einem Gespür für das Ungewöhnliche. Man sagte ihm nach, er würde meist intuitiv handeln und immer richtig liegen. Aber er konnte sich den Fakten nicht verschließen. Und so hatte er gelernt, Logik und Intuition zu verbinden, ohne sich in

Illusionen und Fantasien zu verlieren. Dieses Mal aber waren neben der Intuition auch seine Emotionen betroffen und das machte das Ganze für ihn so schwierig. Er wusste nicht, wieso ihn Lisa so in den Bann zog. Er kannte sie nicht, und doch war er von Lisas Gesicht gefangen. Es war ihm so vertraut und doch konnte es nicht sein.

`War sie wie ihre Clowns? Trug sie eine Maske, um dahinter ihr wahres Ich zu verbergen? Ich kann den Fall nicht abschließen, er hat etwas mit mir zu tun. Ich weiß nicht wie und warum, aber es hat etwas mit mir zu tun. Ich würde gerne ihre Stimme hören, ich muss wissen, was für eine Stimme zu diesem zauberhaften Geschöpf gehört.´* Steve nahm sich vor, am nächsten Tag nochmals zu Frau Stone zu gehen, um sich ein paar Lieder von Lisa anzuhören.

Kurze Zeit später war Steve zuhause. Er hatte ein kleines Haus am Rande der Stadt in der er arbeitete - im Norden Deutschlands. Steve liebte den Norden und die Nordsee. Die Nordsee war nicht weit entfernt, unberechenbar und schön - wie das Leben. Das Häuschen hatte er von einer Tante geerbt, sonst hätte er sich so etwas nicht leisten können. Erst wollte er es verkaufen, weil es doch recht einsam lag. Aber nach kurzer Zeit war ihm die Einsamkeit lieb geworden und das Haus ans

Herz gewachsen. Die Menschen hier waren zurückhaltend, nie aufdringlich und immer herzlich und hilfsbereit.

Wie so oft stand Steve hinterm Haus in seinem kleinen Garten und beobachtete Pferde, die in der Nähe auf einer Koppel majestätisch ihre Nüstern in den Wind streckten. Sie strahlten Lebensfreude und Kraft aus. Eine Weide entfernt grasten schwarzweiße Kühe, die ihm Gelassenheit und Frieden vermittelten. Alles war bestens geeignet, um vom hektischen Alltag Abstand nehmen zu können und für kurze Zeit alles zu vergessen.

Die Vögel verabschiedeten den Tag mit ihrem Gesang und begrüßten den Abend. Steve schloss die Augen und hörte ihnen eine Weile zu. Er spürte den leichten Wind in seinem Gesicht und sog die Luft tief ein. Es war ein gutes Gefühl. Wieder einmal war er froh, hier leben zu dürfen. Hier konnte er auftanken und seine Seele baumeln lassen. Schließlich setzte er sich in einen gemütlichen Sessel seines Wohnzimmers. Neben sich ein Stövchen mit einer Kanne dampfenden Tees auf einem kleinen Tisch. In einer Hand hielt er eine Tasse Tee und in der anderen Lisas Bild. Zierlich war sie, mit leuchtend blauen Augen und schwarzem Haar, welches zu einem Zopf gebunden war. Lebensfreude zeigte dieses Gesicht. `Was war

geschehen? Was nahm ihr die Freude am Leben?´
Steve hing seinen Gedanken nach und las dann noch einmal den Brief. ´Unfall´ hatte sie geschrieben. Das war es , was ihm merkwürdig vorkam! War es kein Unfall gewesen? Zumindest Lisa schien das anzunehmen. Steve wollte sich in den nächsten Tagen unbedingt den Unfallbericht ansehen.

* * *

`Wo bin ich? Warum bin ich hier?´ Lisa war sehr kalt. Sie sah sich um und konnte sich absolut nicht daran erinnern mit einem Boot aufs Wasser gerudert zu sein.

Warum war sie nicht zuhause in ihrem Zimmer? Oder schlief sie gerade und dies hier war ein Traum? Sie verstand das nicht. Wenn das ein Traum war, dann war er verdammt real.

Sie streckte eine Hand aus und berührte die Wasseroberfläche. Es war eindeutig nass und kalt. Außerdem konnte sie nirgendwo Land sehen. Wenn das ein See war, musste er riesig sein.

Lisa überlegte fieberhaft. Sie erinnerte sich, dass sie einen Brief schrieb, doch dann wurde sie wieder traurig und es war so furchtbar kalt. Sie erinnerte sich, dass Tom plötzlich im Zimmer stand! Er war seltsam bleich und fast durchsichtig.

Er winkte sie zu sich heran und wollte, dass sie ihm folgte. Aber sie konnte ihm nicht folgen, denn er war tot.

Lisa zitterte. Ihr wurde schlagartig bewusst, dass das, was sie gerade erlebte, nicht real sein konnte. Es konnte aber auch kein Traum sein, was also war es dann? Sie wünschte sich, sie wäre wieder in ihrem behaglichen Zimmer und sie wünschte sich, sie wäre wieder glücklich. `Glück - was ist das. War ich jemals glücklich? Das hier muss ein Alptraum sein´ dachte sie noch. Erschöpft schlief sie ein und dann war da nur noch Dunkelheit.

***

Steve träumte wirres Zeug in dieser Nacht. Er sah Lisa auf einem Boot im Meer treiben, sie weinte. Doch jedes Mal, wenn Steve ins Wasser springen wollte, um zu ihr zu schwimmen, war das Meer wieder ein Stück weggerückt. Es lief ihm praktisch davon und so kam er nie an das Wasser heran. Steve war froh, schließlich aus diesem Traum zu erwachen.

21.Juli

Am Morgen schwang er sich auf sein Fahrrad und radelte ans Meer. Aber da gerade Ebbe war, war das Wasser weit weg. Sein Traum fiel ihm wieder ein. Er ertappte sich dabei, wie er nach einem Boot Ausschau hielt. Der Geruch vom Watt kroch ihm in die Nase und Steve sah hinaus zum Horizont. Ihm war als höre er das Rauschen der Wellen, aber es war nur die Erinnerung an seinen Traum. Steve setzte sich auf einen der zahlreichen Steine, schloss die Augen und stellte sich das Meer einfach vor, bis er es nach einiger Zeit zu sehen glaubte. Er suchte mit seinem inneren Auge nach dem Boot, fand es aber nicht.

Plötzlich schoss ein grässliches Ungeheuer aus dem Wasser und lachte hysterisch. Es klang wie die Stimme eines Mannes. Erschreckt riss Steve die Augen auf, aber vor ihm lag nur das Watt, friedlich und vertraut.

Nachdem Steve wieder im Haus angekommen war und gefrühstückt hatte, entschloss er sich, zunächst ins Krankenhaus zu fahren. Er setzte sich ins Auto und erreichte eine halbe Stunde später ein kleines, aber modernes Krankenhaus.

Es roch nach Desinfektionsmitteln und Steve fühlte sich unwohl. Er kannte den behandelnden Arzt von Lisa, Dr. Torsten Mosch. Steve fand ihn in seinem Büro und beide freuten sich den anderen zu sehen. Freundschaftlich umarmten sie sich und Steve fragte: „Wie geht es dir?"   „Tag Steve, schön, dass du mal wieder reinschaust. Mir geht es gut - viel Arbeit, aber das geht dir ja nicht anders. Was treibt dich hierher, du meidest doch Krankenhäuser, wenn es irgendwie geht?"

„Das stimmt. Aber ich bin wegen des Mädchens hier - der Selbstmordversuch - wie geht es ihr?" „Sie liegt immer noch im Koma. Es ist alles ein wenig eigenartig." „Was meinst du? Was ist eigenartig?" wollte Steve wissen. „Komm mit, ich zeige es dir, ich kann es dir nicht erklären", antwortete Torsten.

Er machte eine Handbewegung, die Steve signalisierte, dass er ihm folgen sollte. Beide betraten den Korridor und am Ende des Ganges öffnete Torsten die Tür zu einem Zimmer. Sie traten ein und wurden von einer eisigen Kälte empfangen. „Mann, ist das kalt hier" , entfuhr es Steve. „Ja, das meinte ich. Ich kann mir das nicht erklären", erwiderte Torsten. „Hier ist es wie in einem Eiskeller und ich kann nichts dagegen tun."

Steve erzählte ihm nicht, dass er diese Kälte gestern schon einmal gespürt hatte, im Zimmer von Lisa. Es konnte ja ein Zufall sein, obwohl er nicht an Zufälle glaubte. Steve betrachtete Lisa. Selbst in diesem Zustand war sie wunderschön. Auch die Blässe der Haut und die etwas eingefallenen Wangen konnten das nicht verbergen. Steve hätte gerne ihre Augen gesehen. Ob sie tatsächlich so wunderschön wie auf den Bildern waren?

Nach einiger Zeit gingen beide schweigend zurück in das Büro. Dort angekommen fragte Steve: „Hast du noch Besuch aus England?"
„Oh ja! Es ist unglaublich interessant, ich habe vorher noch nie mit einer Sensitiven gearbeitet. Sie hat sogar schon einige Male der Polizei geholfen, wenn es um vermisste Personen ging."
„Und das funktioniert tatsächlich?" wollte Steve wissen.
„Scheint so. Sie sucht hier Material für ihr Buch und leitet einige Selbsthilfegruppen. Janet ist sehr aufgeschlossen und kooperativ. Ich lernte sie letztes Jahr kennen, als ich meinen alten Freund Carl in England besuchte. Carl fragte mich, ob ich sie hier eine Zeitlang unterbringen könne. Ich fand die Idee ausgezeichnet und eine tolle Frau ist sie außerdem."
„So, so! Sie gefällt dir wohl sehr?" fragte Steve lachend. Torsten nickte: „Klar. Wir mögen uns. Aber wir haben beide auch sehr viel zu tun, da bleibt nicht viel Zeit für Privates. Und du weißt, dass ich schon eine Scheidung hinter mir habe. Ich gebe ja zu, dass ich manchmal ein wenig einsam bin, aber der Hauptscheidungsgrund war meine fehlende Zeit für uns. Daran kann ich im Moment

nichts ändern, der Ärger wäre vorprogrammiert. Und davon hatte ich wirklich genug.

Aber kommen wir auf das Wesentliche zurück. Janet hat sich neben den Versuchen mit ihrer Sensitivität auch um Fälle gekümmert, die mit Nah-Tod-Erlebnissen zu tun hatten. Sie hat eine große Begabung auf diese Menschen zuzugehen und mit ihnen darüber zu reden. Es ist wirklich hochinteressant. Glaubst du an diese Dinge?"

„Ich...", Steve zögerte. Auch er war dem Tod einmal näher gewesen, als ihm lieb war. Dadurch lernte er Torsten kennen, der ihm damals das Leben rettete und seitdem waren sie Freunde. Und doch erzählte er ihm nie, was er erlebt hatte, aber es veränderte sein Leben grundlegend.

„Was ist mit dir?" Torsten sah Steve fragend an. „Ach nichts. Entschuldige bitte, ich bin wohl nicht ganz bei der Sache." Steve war noch immer nicht bereit darüber zu sprechen.

Torsten sah ihn nachdenklich an und fragte ihn schließlich: „Hast du nicht Lust heute Abend zum Essen vorbeizukommen? Da kannst du dann auch Janet kennenlernen. Ich würde mich freuen." Steve sagte zu, da er neugierig auf Janet war, und weil er ein wenig Ablenkung gebrauchen konnte.

Früher als geplant, saß er bei Frau Stone im Wohnzimmer und trank eine Tasse Tee.
„Hat Lisa Ihnen jemals etwas über den Unfall erzählt?" wollte Steve von Frau Stone wissen.
„Es war im Februar", begann Frau Stone. „Es war kalt und mitten in der Nacht. Tom hatte wohl die Kontrolle über den Wagen verloren. Jedenfalls kamen sie von der Straße ab und der Wagen prallte gegen einen Baum und dann rutschte er in einen tiefen Wassergraben. Lisa wurde vorher aus dem Wagen geschleudert und wie durch ein Wunder hatte sie nur ein paar Kratzer abbekommen."

Steve sah Frau Stone erstaunt an. „Ich wusste nicht, dass Lisa auch im Wagen gesessen hat." Frau Stone nickte und erklärte: „Sie hatten beide einen Auftritt an diesem Abend, wie so oft. Nach dem Auftritt waren sie noch etwas essen und fuhren danach gemeinsam hierher - Tom übernachtete manchmal hier, wenn es spät geworden war. Als sie am Morgen nicht da waren, wusste ich, dass etwas passiert sein musste."
„An welchem Tag war es genau und wo ist es passiert?" wollte Steve wissen. „Warten Sie..., ja, es war der 20. Februar. Auch der Zwanzigste - eigenartig..."

Frau Stone machte eine kleine Pause, dann fuhr sie fort: „Es passierte nur ein paar Kilometer von hier, kurz vor der Ortschaft. Es soll gegen drei Uhr morgens gewesen sein."

„Hat Lisa jemals erwähnt, dass an dem Unfall etwas ungewöhnlich gewesen sei?" wollte Steve wissen.

„Ungewöhnlich?" Frau Stone überlegte. „Nein...aber sie sagte einmal etwas eigenartiges. Wochen später. Ich sagte ihr damals, wie furchtbar ich es fände und dass sie so ein schönes Paar wären. Ich sagte auch, Tom sei viel zu früh gestorben und das Schicksal sei so grausam gewesen. Lisa sah mich an und antwortete ́Tom hat es so gewollt!́ Mehr nicht, nur ...Tom hat es so gewollt. Ich fragte sie noch, wie sie das gemeint habe, aber sie hat mir nie darauf geantwortet. Wissen Sie, was das bedeutet?"
„Nein, tut mir leid," antwortete Steve ausweichend.

Dann wollte er noch einmal Lisas Zimmer sehen und bat darum, ihn eine Weile allein zu lassen.

`Und wenn es nun kein Unfall war?´ überlegte Steve. Lisa jedenfalls schien das zu glauben.

Steve sah sich in Lisas Zimmer um und ging schließlich zu einem Kassettenrekorder. Als er sah, dass eine Kassette darin war, stellte er das Gerät an, setzte sich auf das Sofa und hörte einem Lied zu, das von einem Mann gesungen wurde. Es war ein

Liebeslied und handelte von einem jungen Soldaten, der in den Krieg ziehen musste. Er schwor seinem Mädchen, dass seine Liebe selbst den Tod überdauern und er sie nie verlassen würde.

Es konnte nur die Stimme von Tom sein. Schließlich setzte eine Frauenstimme ein, die Stimme von Lisa. Lisa spielte eine verzweifelte Frau, die ihren Freund nicht ziehen lassen wollte. Auch sie schwor über den Tod hinaus, dass ihre Liebe für immer sei. Ihre Seele würde ihm folgen, wohin er auch gehe. Beide Stimmen verschmolzen zu einer Einheit. Frau Stone hatte ihren Eindruck vollkommen richtig beschrieben. Der Zuhörer vergaß alles um sich herum, war gefesselt von diesem Gesang und litt mit ihnen. Die Realität existierte nicht mehr oder vielmehr - es existierte eine völlig andere! Steve hatte den Eindruck, dass beide sich wirklich liebten.

War es eine Liebe, die den Tod überdauerte? Eine Liebe, die so stark war, dass der Überlebende die Angst vor dem Tod vergaß, nur um mit dem Partner wieder vereint zu sein? Konnte einer ohne den anderen nicht leben? Steve hielt das durchaus für möglich.

Frau Stone hatte Steve erzählt, dass die Aufnahme etwa ein Jahr alt war. Das Stück endete tragisch, denn der Soldat fiel im Krieg. Und das

Mädchen starb schließlich an gebrochenem Herzen. `*Vielleicht war das sogar ein Happy-End? Wenn man an ein Leben nach dem Tod glaubte, dann konnte man das so sehen*´, dachte Steve.

Die Kassette spielte ständig dasselbe Lied, wie in einer Endlosschleife. Frau Stone erklärte ihm, dass Lisa oft ein und dasselbe Lied hintereinander aus verschiedenen Auftritten aufgenommen hatte, um zu hören, wo noch Verbesserungen möglich waren. Sie schloss dann beim Hören des Bandes die Augen und versank im Lied, vergessen waren Raum und Zeit. Steve fragte sich unwillkürlich, was an diesem Gesang noch verbessert werden sollte, ihm schien er perfekt. Und so saß er nun allein im Raum und hörte, wie vor ihm Lisa, mit geschlossenen Augen dieses Lied. Immer und immer wieder. Er spürte den Kummer in den Stimmen, die Verzweiflung und die tiefe Zuneigung.

Schließlich holte Steve Lisas Brief hervor und las ihn wohl zum zehnten Mal, in der Hoffnung, Antworten zu finden. Aber er fand keine. Er kam schließlich zu dem Ergebnis, dass er unbedingt Carol finden musste, aber wo sollte er anfangen zu suchen? Beim erneuten Durchblättern des Notizbuches stieß er auf den Namen eines Dr. F.

Malek, keine Adresse, nur eine Telefonnummer. Er beschloss, sich gleich morgen darum zu kümmern.

Steve sah auf die Uhr und erschrak. Es war spät geworden, die Zeit war wie im Flug vergangen. Wenn Gedanken auf Reisen gingen, hatte nichts eine Bedeutung mehr. So musste auch Lisa gefühlt haben, wenn sie in ihre Musik vertieft war. Steve musste sich beeilen, steckte das Foto und den Brief wieder ein, verabschiedete sich von der Zimmerwirtin und fuhr nach Hause.

Nach einer erfrischenden Dusche zog er sich etwas eleganter für das Abendessen an und freute sich darauf, die junge Dame kennenzulernen, von der Torsten so schwärmte. Ganz in Gedanken, steckte er das Foto und den Brief von Lisa auch jetzt wieder ein und machte sich auf den Weg zu seinem Freund.

„Hallo Torsten, bin ich zu spät?" fragte Steve wenig später seinen Freund, als dieser ihm die Tür öffnete.
„Nein, nein. Janet ist schon da, aber wir haben uns auch ohne dich glänzend unterhalten", grinste Torsten Steve an und führte ihn in die Küche, wo Janet Laurence an einem kleinen Tisch stand und Tomaten schnitt. „Janet, das ist Steve! Unser Freund und Helfer bei der Polizei. Steve, das ist Janet." Nachdem Torsten die beiden einander

vorgestellt hatte öffnete er eine Flasche Wein. Steve fand, dass Janet auf eine besondere Weise eine schöne Frau war, und ihm fielen sofort ihre geheimnisvollen grünen Augen auf.

Steve, Janet und Torsten verstanden sich ausgezeichnet, es machte ihnen Spaß gemeinsam das Essen vorzubereiten, um es anschließend genüsslich zu verzehren. Nach dem Essen zogen sie sich in die gemütliche Bibliothek zurück und tranken Tee. Das Zimmer war vollgestopft mit Büchern, viele davon waren wertvoll, einige nur teuer. Eine alte Couchgarnitur aus dunklem Leder rundete das Bild ab. Dann gab es noch eine antike Stehlampe, die nicht gerade viel Licht brachte, aber alles zusammen ergab eine behagliche Atmosphäre.

Aus dem zunächst oberflächlichen Geplauder wurden allmählich tiefgehende Themen. Drei Stunden waren vergangen und Steve wollte sich gerade verabschieden, als ihn ein ´Zufall` noch ein wenig aufhielt. Als er seinen Autoschlüssel aus der Tasche zog, fiel das Foto von Lisa auf den Boden. „Oh, du hast deine Freundin verloren", bemerkte Janet verschmitzt.

Sie bückte sich, um das Foto aufzuheben. Als sie es in der Hand hielt und Lisas Gesicht sah, erstarrte ihr Lächeln. Die beiden Männer bemerkten das natürlich sofort und Steve sagte: „Das ist nicht meine Freundin...was hast du? Du siehst aus, als hättest du ein Gespenst gesehen." Janet schwieg einen Augenblick, dann antwortete sie langsam: „So ist mir auch zumute. Mir ist plötzlich kalt und diese Kälte hat mit dem Mädchen auf dem Foto zu tun. Ich fühlte einen Augenblick ein furchtbares Nichts."

Steve war wie elektrisiert. „Kommt, setzen wir uns wieder. Janet, kannst du mir beschreiben, was genau du gefühlt hast?"

Janet sah Steve an und antwortete: „Kälte, eisige Kälte. Erst dachte ich, dieses Mädchen sei tot, denn manchmal gibt es auch dort schreckliche Welten. Die meisten Seelen aber sind in einer anderen Wirklichkeit, die weit schöner sind, als man sich das vorstellen kann. Ich sah jedoch eine kalte Welt. Aus Gesprächen mit Menschen, die eine Nah-Tod-Erfahrung hatten, kannte ich auch diese Welten. Aber bei diesem Mädchen ist es anders. Sie ist nicht tot."

„Das Mädchen heißt Lisa", sagt Torsten, „sie ist eine Patientin von mir. Steve hat sich in den Kopf gesetzt herauszubekommen, was mit ihr geschehen ist. Sie soll versucht haben sich umzubringen." „Sie liegt im Koma. Hat sie wirklich versucht sich das Leben zu nehmen?" wollte Steve von Janet wissen.

„Ich weiß nicht, vielleicht. Aber da ist noch etwas anderes...da ist noch jemand. Leider kann ich nichts genaueres sagen. Es ist so ein Gefühl."

Doch so schnell gab Steve nicht auf. „Könntest du etwas fühlen, wenn du ihr Zimmer sehen würdest...oder sie selbst? Und...halt!" Steve hatte das Schreiben in seiner Jacke entdeckt und gab es Janet.

Sie faltete das Schreiben nicht auseinander. Stattdessen schloss sie die Augen und schwieg. Plötzlich rollten ihr Tränen über das Gesicht: „Sie ist so traurig." Janet öffnete das Schreiben und las den Inhalt. „Carol", murmelte sie, „Carol ist wie Lisa, sie versteht sie. Tut mir leid, das ist alles. Mehr fühle ich nicht."

Steve bedankte sich bei Janet und sie verabredeten, in den nächsten Tagen zusammen Frau Stone aufzusuchen. Vielleicht konnte Janet im Zimmer von Lisa noch mehr spüren. „Warum interessiert dich dieser Fall so, Steve?" wollte Janet wissen. „Wenn ich das wüsste. Ich fühle, dass sie Hilfe braucht...und zwar von mir. Mir ist, als kenne ich sie eine Ewigkeit." Mit diesen Worten verabschiedete er sich endgültig und fuhr nach Hause.

Stunden später wälzte Steve sich im Bett hin und her. Und wieder war es derselbe Traum wie in der Nacht zuvor oder besser gesagt, es war die Fortsetzung: Steve hatte diesmal das Meer erreicht, endlich! Er spürte das Wasser unter seinen nackten Füssen und suchte die Oberfläche der ruhigen See nach dem Boot ab. Plötzlich war da wieder dieses Ungeheuer! Aber es hatte jetzt die Gestalt einer riesigen Hand, die aus dem Wasser schoss , seine Fußknöchel umklammerte und Steve in die Tiefe ziehen wollte. „Sie gehört zu mir" kreischte eine Stimme.

Schweißgebadet und einen erstickenden Schrei ausstoßend, schreckte Steve hoch. Er sah benommen auf die Uhr, in wenigen Minuten würde der Wecker klingeln. Und er hatte das Gefühl, gar nicht geschlafen zu haben. Er hatte schon so manches Mal in seinem Leben Alpträume gehabt und er fragte sich, was der Auslöser für diesen sein konnte. „Es gibt immer einen Grund", sagte er laut zu sich selbst. So als wollte er sich mit der Anwesenheit einer Stimme, und sei es auch nur die eigene, beruhigen. „Und ich finde es heraus!"

Für einen kurzen Augenblick war ihm kalt, furchtbar kalt... reine Einbildung?

22. Juli

Ein paar Stunden später studierte er den Unfallbericht von damals. Eigentlich hätte er inzwischen wieder andere Fälle zu bearbeiten, denn Lisas Fall war abgeschlossen. Aber er ließ ihm keine Ruhe und so musste die andere Arbeit warten.

Steve las erneut den Unfallbericht vom 20. Februar. Der Unfall war, wie Frau Stone schon erwähnt hatte, tatsächlich um 3 Uhr nachts passiert.

Die Straße war gerade und eisfrei. Es gab also keinen Grund, warum Tom von der Fahrbahn abgekommen war. Laut Lisa´s Aussage hätten die beiden sich gestritten und sie mache sich große Vorwürfe. Lisa war fast unverletzt. Sie wurde aus dem Wagen geschleudert, bevor dieser gegen einen Baum fuhr und dann in einen breiten Graben rutschte. Tom ertrank im eiskalten Wasser, während Lisa bewusstlos am Straßenrand lag. Ihr Glück war, dass kurz nach dem Unfall ein anderer Autofahrer Lisa entdeckte und die Rettung informierte. Für Tom aber kam jede Hilfe zu spät.

`Dann war es kein Unfall. Lisa ist anscheinend aus dem fahrenden Wagen gesprungen, als sie bemerkte, was Tom vorhatte. Und Tom ist ertrunken. Wasser und Kälte...´ Steve dachte an seine Träume. Ärgerlich schüttelte er den Kopf. Er maß den Träumen viel zu große Bedeutung bei, es war ein dummer Alptraum, mehr nicht.

Mit nicht gerade bester Laune machte er sich an seine tägliche Arbeit , aber es fiel ihm immer schwerer sich zu konzentrieren. Schließlich griff er zum Telefon und wählte die Nummer von Dr. Malek. Es meldete sich eine freundliche Frauenstimme und nachdem Steve den Grund für seinen Anruf genannt hatte, bekam er einen Termin für 19 Uhr. Mehr konnte er zur Zeit wirklich nicht tun und so machte er sich für den Rest des Tages wieder an seine Arbeit.

Kurz vor 19 Uhr stand Steve an der Eingangstür einer alten Villa. Es war die Praxis von Dr. Frauke Malek. Sie war Psychologin und ihre Praxis lag etwas abseits der Stadt. Nachdem er geklingelt hatte, öffnete ihm eine schlanke, selbstbewusste Frau mittleren Alters die Tür. Dr. Malek bat Steve herein und erklärte sogleich, dass sie nicht viel sagen könne. Aber selbstverständlich wolle sie Lisa helfen.

„Lisa Gibs ist eine hochbegabte und sensible junge Frau. Selbstmord? Möglich! Obwohl ich glaubte, das sei kein Thema für sie. Ich war sicher, dass sie über den Tod von Tom hinweg war. Aber ich will ehrlich sein, ich bin nie so ganz an sie herangekommen. Sie war nur einige Male hier und beim letzten Besuch fragte sie mich plötzlich, ob Liebe tödlich sein könne. Ich bat sie, mir die Hintergründe ihrer Frage zu erklären, aber sie sagte nur, es sei nicht so wichtig. Außerdem würde es sowieso nichts mehr ändern. Sie wollte dann von mir wissen, ob ich an ein Leben nach dem Tod glaubte. Ich verneinte das und daraufhin sagte sie, ich wäre nicht die richtige Ansprechpartnerin für sie und sie wolle nicht wiederkommen. Das war so vor etwa drei Monaten. Danach habe ich nie wieder etwas von ihr gehört. Aber sie hat einen bleibenden Eindruck bei mir hinterlassen. Ich habe tatsächlich angefangen, mich intensiv mit diesem Thema zu befassen. Vielleicht wäre ich heute ein besserer Gesprächspartner für Lisa. Was nun ihre Frage nach dieser Carol angeht, so hat sie mir gegenüber nie eine Carol erwähnt. Aber falls mir noch etwas einfällt, werde ich mich gerne bei Ihnen melden."

Steve war eigentlich keinen Schritt weitergekommen und doch klopfte sein Herz bis zum Hals. Etwas hatte ihn berührt. Steve fuhr nach Hause und hoffte, dass der Traum in dieser Nacht weitergehen würde, aber auch hier wurde er enttäuscht.

23. Juli

Als er am nächsten Morgen erwachte, hatte er das Gefühl überhaupt nichts geträumt zu haben. Keine Erinnerung - keine Kälte - rein gar nichts. Ihm blieb nichts weiter übrig, als abzuwarten. `Dinge geschehen. Es kommt, wenn die Zeit dafür da ist´,* dachte Steve. Er duschte ausgiebig und frühstückte in aller Ruhe. Danach fuhr er zur Arbeit, um auf andere Gedanken zu kommen. Es gelang ihm tatsächlich Lisa für einige Zeit zu vergessen.

Als er wieder zuhause war, war es spät am Abend und als das Telefon klingelte, wollte er erst gar nicht darauf reagieren. „Ich bin nicht da", murmelte er vor sich hin, aber die Neugierde - vielleicht war es auch seine Intuition - ließ ihn schließlich doch ans Telefon gehen.

„Ja, hallo," brummte er. Jeder konnte an seinem Tonfall hören, dass es ihm absolut lästig war, überhaupt etwas zu sagen.
„Entschuldige, dass ich dich störe. Hier ist Janet."
Steves Stimmung verbesserte sich schlagartig.
„Oh, das macht nichts! Du störst mich nicht! Ich hatte nur einen anstrengenden Tag. Es tut mir leid, wenn ich mich etwas genervt angehört habe."
„Ist schon in Ordnung. Ich hätte vielleicht nicht mehr so spät anrufen sollen, es hätte sicher auch

Zeit bis morgen gehabt. Aber ich weiß nicht, ob ich es morgen hätte einrichten können, mich bei dir zu melden. Mag sein, dass es auch gar nicht erwähnenswert ist. Also, ich hatte einen merkwürdigen Traum."

Janet verstummte und Steves Herz begann bis zum Hals zu pochen. Da war es wieder, dieses Gefühl. Ein Gefühl zutiefst berührt zu werden, als würde etwas direkt seine Seele ansprechen. Hatte es etwas mit Lisa zu tun?

Janet fuhr fort: „Also in meinem Traum saß ich am Meer und sah wie ein Boot kenterte. Das Mädchen von deinem Foto fiel ins Wasser und schrie um Hilfe. Es war so real, als wäre ich tatsächlich da gewesen. Ich erwachte und sah auf die Uhr, es war genau 3 Uhr. Ich versuchte wieder zu schlafen, doch es dauerte eine ganze Weile bis ich wieder Ruhe fand. Ich fuhr dann heute morgen zu Torsten in die Klinik und fand ihn auf seiner Couch im Büro. Er war eingeschlafen und sah übernächtigt aus. Er bemerkte mich aber, wachte auf und erzählte mir, dass er eine schwere Nacht hinter sich hatte. Bei deiner Freundin Lisa war es kurzfristig zu einem unerklärlichen Herzstillstand gekommen. Keine Angst, es geht ihr wieder gut. Und nun kommt das Interessante,Steve! Es war genau 3 Uhr, als das passierte! Das ist doch mehr als merkwürdig - oder?"

„Ja, sehr eigenartig! Nicht nur die Sache mit der Uhrzeit, sondern weil ich ähnliche Träume habe. Es ist so, als ob wir...", Steve stockte, „...als ob wir denselben Film sehen würden. Janet, ist so etwas möglich?"

„Es gibt Dinge zwischen Himmel und Erde, die niemand so richtig begreifen kann, dazu gehören die Träume genauso wie der Tod. Bekanntlich ist der Traum der kleine Bruder des Todes. Es könnte ein Hilferuf von Lisa sein. Ich freue mich, wenn ich helfen kann. Lass uns unbedingt das Zimmer von Lisa ansehen, vielleicht bringt es dich weiter. Ach ja, noch etwas... morgen Abend um 20 Uhr haben wir im Krankenhaus ein Treffen im kleinen Kreis mit Menschen, die schon einmal klinisch tot waren und ihre Erfahrungen mit anderen austauschen wollen. Vielleicht hast auch du Interesse dabei zu sein?"

„Ich weiß nicht...ich glaube nicht", eher zögernd als überzeugt antwortete Steve. Er hatte es immer vermieden, sich näher mit dem Thema zu befassen. *„Was du mit aller Macht vermeiden willst, ziehst du an"*, sprach eine Stimme in seinem Kopf. Steve war für einen Moment völlig irritiert. `*War das jetzt mein Gedanke oder wer spricht da mit mir?*´
„Ich glaube schon! Überlege es dir", unterbrach Janet mit leiser Stimme seine Gedanken. „Auf

jeden Fall sprechen wir wegen Lisa noch mal miteinander. Ich melde mich."

Ohne eine Antwort abzuwarten, legte sie auf und Steve fühlte eine helfende Hand, die sich ihm jetzt, nach so vielen Jahren, entgegenstreckte.

`Das Leben ist eigenartig´, dachte Steve. `Es gibt so viele verschlungene Wege und doch zieht sich ein roter Faden durch mein Leben. Oder durch alle meine Leben? Ich habe versucht, einer Sache aus dem Weg zu gehen. Aber das Schicksal will es offenbar anders. Oder ist es meine Seele, die eine Lösung sucht? Will meine Seele, dass ich mich dem Problem stelle? Vielleicht brauche ich tatsächlich Hilfe! Es ist doch schon so lange her, ich hatte gar nicht mehr daran gedacht.´

„Du hattest es verdrängt! Die Sache mit Lisa hat eine Tür aufgemacht. Du könntest hindurchgehen."

Da war wieder diese Stimme in seinem Kopf und das Gefühl, als würde ihn jemand ansprechen.

`Vielleicht soll es so sein, damit ich mit mir ins Reine komme. Vielleicht ist es mein Höheres Selbst, vielleicht Gott oder meine Seele, die zu mir spricht. Oder aber ich werde verrückt.´

„Du wirst nicht verrückt. Dein wahres Selbst erwacht."

Das Gespräch in seinem Kopf war beendet und Steve bemerkte, dass er das Telefon noch immer in der Hand hielt. Er war verwirrt. In seinem Kopf hatte eindeutig ein Gespräch stattgefunden.

Es war ein langer Tag gewesen, Steve war übermüdet und nicht mehr ganz klar im Kopf. Er legte das Telefon weg und entschied sich, nicht länger darüber nachzudenken. Steve brauchte unbedingt etwas Schlaf, morgen würde die Welt wieder anders aussehen.

Aber so sehr er sich auch bemühte, er konnte keinen Schlaf finden. Schließlich stand er wieder auf, um bei einer dampfenden Tasse Tee zur Ruhe zu kommen. Zu aufgewühlt waren seine Emotionen und sein Verstand versuchte sich zu wehren. Vor allem gegen die Erinnerungen. Der Verstand kämpfte gegen das Gefühl. Die Erinnerung schien ihm von dieser Seite des Lebens fantastisch und unmöglich zu sein, jedenfalls aus der Sicht des Verstandes. Und doch war da etwas. Ein tiefes Gefühl, das schwer in Worte zu fassen war. Etwas absolut Reales, so real, wie er jetzt in seinem Lieblingssessel saß, eine Tasse Tee schlürfend und todmüde.

Seine Gedanken ließen sich nicht einfach so abschalten wie man einen Fernseher abschaltete. Er konnte es jedenfalls nicht. Schließlich zog er sich eine warme Jacke an und ging mitten in der Nacht aus dem Haus. Es fühlte sich komisch an, anders als sonst. Steve setzte sich ins Auto und fuhr ans Meer. Diesmal hatte er Glück, es begrüßte ihn mit einem beruhigenden Rauschen und Glucksen.

Der Vollmond stand hoch am Himmel, die Nacht war klar und die Sterne glitzerten.

`Was für eine Nacht!´ Steve fühlte Frieden und Unendlichkeit. Er war wie der Stein auf dem er saß. Er musste nichts tun, einfach nur sein. Steve konnte kaum die Augen offen halten, ihm kam es vor, als könne er nur durch einen kleinen Schlitz sehen. `Hoffentlich schlafe ich hier nicht ein.´

Sein Denken war langsam geworden, er hatte Mühe sich zu konzentrieren. Jede noch so kleine Bewegung bereitete ihm Mühe, alles lief in Zeitlupe ab. Seine Lippen waren trocken und als er sie mit der Zunge befeuchten wollte, bekam er den Mund nicht auf - was war das für ein komisches Gefühl! Er versuchte die Augen weiter zu öffnen, aber er konnte nach wie vor nur wie durch einen Schlitz sehen. Da war es wieder - das Boot.

Und ganz deutlich konnte er Lisas Gesicht erkennen, das vom Mondlicht angestrahlt wurde. `Lisa´ wollte er rufen, aber seine Stimme versagte. Er sah, wie Tränen über ihre Wangen liefen. Sie rief etwas, aber Steve konnte es nicht verstehen. Ihm war, als riefe sie seinen Namen. Eine Trommel begann zu schlagen, gleichmäßig und betäubend. Das Trommeln wurden unerträglich laut.

Plötzlich schoss ein Ungeheuer aus dem Wasser und verletzte Steve mit seiner Pranke. Deutlich spürte Steve etwas Warmes über seine Hand laufen. War es Blut? Steve riss die Augen auf und sprang auf die Füße.

Warmer Tee lief über seine Hand und seine Beine – verdammt, er war eingeschlafen! Er war nur eingeschlafen! Steve war gar nicht aus dem Haus gegangen. Er war mit einer Tasse Tee in seiner Hand für den Bruchteil einer Sekunde eingenickt. Und nun war die Tasse gekippt und die Flüssigkeit verteilte sich über Hand und Hose. Und die Trommel die er hörte? Es war nur das Tropfen des Wasserhahns in der Küche.

`So was Verrücktes! Ich hätte schwören können, dass ich das Haus verlassen habe.´ Steve stand einfach nur da und wusste nicht, ob er jetzt wirklich wach war oder ob er sich im nächsten Traum befand. Es kam ihm unendlich lange vor, bis er reagieren konnte. Er schüttelte den Kopf, wischte sich mit den Händen über das Gesicht und rieb sich die Augen.

`Ich sollte jetzt wirklich schlafen gehen´. Und so legte Steve sich schließlich für die restliche Nacht ins Bett. Völlig erschöpft fiel er in einen Schlaf, der so tief war, dass er an Bewusstlosigkeit grenzte.

***

Als Lisa in ihrer Welt wieder erwachte, hatte sie ihren Namen vergessen. Sie wusste auch nichts mehr von ihrem Leben, sie konnte sich an nichts erinnern. Sie lag zusammengekauert an einem Strand und als sie aufsah, sah sie einen blauen Himmel und satte weiße Wolken, die mit unzähligen verschiedenen Grautönen vermischt waren. Möwen flogen über sie hinweg, es war angenehm warm und hell. Auch wenn es so aussah, als würde die Sonne scheinen, konnte sie keine sehen. Sie stand auf und sah sich um. Sie sah Bäume und eigenartige Pflanzen, die ihr unbekannt waren. In der Ferne erblickte sie eine wunderschöne Wiese mit vielen bunten Blumen. Sie bemerkte, dass sie ihr Lieblingskleid trug. Es war weiß mit kleinen gelben Blüten – und sie war glücklich! Sie wusste nicht, wer oder wo sie war, aber das spielte auch keine Rolle, solange sie sich nur glücklich fühlte.

Für einen Moment überkam sie das Gefühl, dass das hier nicht real war. Aber da es sich so echt anfühlte, verdrängte sie das Gefühl wieder.

Lisa schlenderte am Strand entlang und stellte nach kurzer Zeit fest, dass sie sich auf einer Insel befand. Einer sehr kleinen Insel. Sie setzte sich in den Sand und hörte den Vögeln zu, die rundherum zwitscherten und trällerten. Sie fühlte den seichten Wind in ihren Haaren und das Wasser berührte ihre Füße. Absoluter Frieden war in ihr und um sie herum. Irgendwie wusste sie, dass sie sich das immer gewünscht hatte. Das Gefühl von Glück und Frieden war so wundervoll. Sie würde das gerne mit jemandem teilen, sie würde gerne jemanden teilhaben lassen an ihrem Glück. Aber sie war offenbar allein auf dieser Insel. Das machte sie traurig. Ein Gefühl von Einsamkeit machte sich breit und trübte ihr vorheriges Glücksgefühl. Sie wünschte sich jetzt, nicht mehr allein zu sein.

Plötzlich stupste sie etwas von der Seite an. Eine weiße Katze rieb ihren Kopf an Lisas Arm. Ihr kam die Katze sonderbar vertraut vor und sie freute sich, dass sie nun nicht mehr allein war.

Die Katze ging schließlich ein paar Schritte von Lisa weg und miaute. Lisa kam es wie eine Aufforderung vor ihr zu folgen. Als die Katze in

Richtung Wiese davonlief, stand Lisa auf und rannte hinter ihr her.

Die Wiese war bezaubernd schön. Es gab wunderbare Mohnblumen und ein betörender Duft breitete sich aus. Tausende von Schmetterlingen tanzten um Lisa herum und auch ihre Botschaft schien Lisa zu verstehen. Sie drückten Leichtigkeit und Verspieltheit aus, als wollten sie ihr sagen, dass alles so einfach wäre, wenn man es nur zulassen würde. Das Leben war ein freudiges Spiel mit vielen Farben und Facetten. Wie Blüten im Wind wirbelten sie durcheinander, um Freude und Schönheit zu verbreiten. „Wir führen dich zu deinen Visionen und deinen Träumen. Folge der Freude", schienen sie Lisa zuzurufen.

Lisa hatte vor lauter Begeisterung über die Schmetterlinge die Katze aus den Augen verloren, und deshalb machte sie sich nun zwischen den Gräsern auf die Suche nach ihr. Plötzlich erschrak sie. Auf dem Boden sah sie ein rundes Fenster, durch das sie hinunter sehen konnte. Sie konnte kaum glauben, was sie da sah. Dort unten war die weiße Katze und eine ganz andere Welt. Wie war die Katze dort hinunter gekommen? Lisa sah sich nach einer Öffnung um, aber es gab keinen Zugang. Es blieb ihr nichts anderes übrig, als sich hinzusetzen und zu beobachten, was dort unten geschah. Sie beobachtete die Katze wie sie auf einen Friedhof lief und sich auf ein Grab setzte. Das Grab schien schon sehr alt zu sein, der Grabstein war verwittert und überall wucherte Unkraut. Lisa konnte aber den Namen auf dem Grabstein lesen: Tatjana, geboren 1802, gestorben 1829.

Lisa erschrak, denn sie fühlte, dass das ihr Grab war. Sie wusste es einfach. Eine Erinnerung kam in ihr hoch. Sie hieß Tatjana und war eine junge Frau, die beim fahrenden Volk lebte. Sie war eine Artistin und sie liebte das aufregende Leben, das sie in fremde Länder führte und nie langweilig wurde. Doch es war ein kurzes Leben, denn sie ertrank im Strudel der Gefühle. Sie verliebte sich unsterblich in Albert, doch sie durften nicht glücklich sein. Sie wünschte sich so sehr, dass Albert immer an ihrer Seite sein und sie nie verlassen würde. Aber Albert war aus sehr gutem Hause und sie war nur eine Herumtreiberin. Er hatte nicht den Mut, zu ihr zu stehen und trennte sich von ihr. Sie konnte diese Enttäuschung nicht verwinden und eines Tages, als ihr Schmerz und ihre Traurigkeit zu groß waren, um sie noch länger ertragen zu können, sprang sie in den Tod. Aber sie musste erkennen, dass der Tod nichts an ihrer Trauer änderte. Wäre sie durch diesen Schmerz hindurchgegangen, hätte sie noch glücklich werden können. An diesem Punkt ihrer Existenz entschied sie, nie wieder ihr Leben einfach wegzuwerfen.

An all das erinnerte sich Lisa, so als wäre es erst gestern gewesen. Sie glaubte in diesem Moment, dass sie Tatjana heißen und tatsächlich tot sein müsste.

`Komisch´, dachte sie, `dabei fühle ich mich so lebendig.´

Lisa sah sich auf der Wiese um, die noch immer so friedlich vor ihr lag. Aber etwas war anders. Sie überlegte und dann fiel es ihr auf. Die Schmetterlinge waren fort, nicht ein einziger war mehr zu sehen. Und mit ihnen war auch Lisas Fröhlichkeit und Unbeschwertheit verschwunden. Nur Einsamkeit war geblieben und sie entschloss sich, zum Strand zurückzugehen und die Insel zu verlassen. Sie musste irgendwo neu anfangen, hier war wohl nur das Ende.

Als sie am Strand ankam, lag dort ein Boot für sie bereit. Ihr fiel wieder ein, dass sie vor kurzem noch in diesem Boot gesessen und auf dem Wasser gewesen war. Dann kam plötzlich eine große Welle und brachte das Boot zum kentern. Sie wäre fast ertrunken, hatte aber mit letzter Kraft diese Insel erreicht. Sie wunderte sich einen Moment darüber, dass ihr das Boot vorher nicht aufgefallen war, *aber es war nicht wichtig. Jetzt war es da, also konnte sie es auch benutzen. Sie stieg deshalb ein und ruderte davon.*

Schon nach kurzer Zeit hatte sie die Insel aus den Augen verloren und befand sich auf hoher See. Es war ihr unheimlich, ihr war kalt und sie fühlte eine Bedrohung von irgendwoher. Alles erschien ihr fremd und unwirklich. Irgendetwas stimmte nicht. Ihr war, als würde sie von einem Traum in den nächsten stolpern. Und nichts davon war real.

***

24. Juli

Für Steve verlief der nächste Vormittag ruhig. Am Mittag nahm Steve sich die Zeit, kurz bei Frau Stone vorbeizusehen, um den Besuch mit Janet anzukündigen. Er wollte nicht einfach mit einer für Frau Stone unbekannten Frau auftauchen, außerdem hielt er es für angebracht, sie über Janet aufzuklären.

„Eine Sensitive! Das ist interessant", Frau Stone war ganz aufgeregt. „Sie müssen wissen, dass ich aus Südengland komme und dort gibt es viele Spukgeschichten. Und auch viele Sensitive. Mein verstorbener Mann stammte aus Island. Er hat mir von Elfenbeauftragten erzählt, die es dort gibt. Das sind hellsichtige Menschen, die mit den

Naturgeistern in Kontakt treten. Ich habe auch viele Verwandte in Irland. Auch dort ist der alte mystische Glaube weit verbreitet. Ich finde das alles sehr interessant. Und Sie glauben, dass Ihre Bekannte herausbekommen kann, warum es in Lisas Zimmer so kalt ist? Glauben Sie, dass der Tod von Tom etwas damit zu tun hat?"

Steve zuckte mit den Schultern und antwortete: „Ich weiß es nicht. Ich weiß gar nichts. Ich glaube aber aufgrund meines Gesprächs mit Lisas Psychologin, dass Lisa so etwas nicht ausgeschlossen hat."

Steve erzählte Frau Stone von dem Gespräch mit Dr. Malek. Er unterließ es aber, etwas über seine Träume zu erwähnen, es klang doch zu merkwürdig. Stattdessen sagte er: „Ich möchte einfach jede Möglichkeit nutzen, um Licht in die Angelegenheit zu bringen. Ich könnte die Sache auf sich beruhen lassen, aber es gibt merkwürdige Dinge, die ich mir nicht erklären kann. Eines davon ist diese Kälte. Hier in Lisa's Zimmer und auch im Krankenhaus. Je mehr wir wissen, umso eher können wir vielleicht zu Lisa durchdringen und sie aus dem Koma zurückholen."

Frau Stone war plötzlich sehr aufgeregt und wollte Steve unbedingt etwas zeigen: „Kommen Sie mit. Es gibt noch etwas Merkwürdiges, das müssen Sie sehen." Frau Stone forderte Steve mit einer Handbewegung auf, ihm ins Zimmer von Lisa zu folgen.

„Sehen Sie!" Frau Stone zeigte auf einen kleinen Tisch in Lisas Zimmer. Darauf stand eine Vase mit verwelkten Blumen. „Ich habe diese Blumen heute morgen frisch gekauft. Ich dachte etwas hübsches, duftendes in Lisa´s Zimmer wäre schön. Ich habe unten die andere Hälfte des Blumenstraußes. Während die Blumen unten tadellos sind, waren die Blumen hier oben nach einer Stunde verwelkt." Steve sah sich den traurigen Rest der Blumen an und spürte zum wiederholten Male die eisige Kälte im Raum. „Eigenartig", sage er. „Bitte lassen Sie das so stehen. Ich will sehen, was Janet dazu sagt."

Er sah sich im Zimmer um und bemerkte eine Topfpflanze auf der Fensterbank, die vollkommen in Ordnung war. Fragend sah er Frau Stone an. Sie sagte: „Die Pflanze ist von Tom." „Dachte ich mir", erwiderte Steve. `Schon wieder Tom. Es wird Zeit, dass ich mich mal näher mit ihm beschäftige.´

Steve erfuhr von Frau Stone, dass Tom bis zu seinem Tod bei seinen Eltern gewohnt habe und ließ sich deren Adresse geben. Es würde also noch jemanden geben, mit dem er reden könnte. Steve wollte sich unbedingt ein Bild von Tom machen, er schien eine Schlüsselfigur in diesem Drama zu sein. Frau Stone suchte ein Fotoalbum heraus und gab es Steve. Dann ließ sie ihn mit Lisas Erinnerungen allein.

Wieder hörte er das Lied und sah sich dazu die Bilder aus dem Album an. Tom und Lisa waren sich äußerlich sehr ähnlich. Auch Tom hatte schwarze Haare und blaue Augen. Sie wirkten untrennbar miteinander verbunden, wie die beiden Seiten eines Blattes Papier. Steve hörte gerade ein Duett der beiden, als ihm klar wurde, dass beide zusammen eine Seele waren. Er sah die Augen der beiden, klar und tief wie ein See. Tom wurde erst durch Lisa ganz. Steve fühlte die Energie zwischen beiden, allein durch das Betrachten der Fotos und das Hören ihres Gesangs. Wie stark erst mussten diese beiden in der Realität auf andere Menschen gewirkt haben – was für ein Charisma! Er spürte ihre Liebe so sehr, dass alles um ihn herum sich aufzulösen begann. Der Tod einer der beiden würde eine nie zu schließende Lücke beim anderen hinterlassen.

Doch ganz überraschend änderte sich Steves Eindruck. Mit einem Mal spürte er einen unglaublichen Schmerz. Er spürte, wie Lisa von einer furchtbaren Kälte umschlossen wurde. Litt sie so sehr unter dem Verlust ihrer großen Liebe, dass nur Leere und Kälte blieb? Nein! Steve war sich plötzlich ganz sicher, dass das was er spürte, nicht Lisa war. Diese Kälte ging von Tom aus. Steve spürte Lisas Lebenshunger, er spürte ihren Wunsch wieder lieben und lachen zu dürfen. Doch sie hatte keine Chance, dieser Kälte um sich herum zu entfliehen. Eine eisige Klammer hielt sie gefangen. Steve fiel der Satz ein, den Lisa zu Frau Stone gesagt hatte...er hat es so gewollt...

Stille folgte auf die vielen Gedanken in Steves Kopf. Absolute Stille. Steve fühlte sich jetzt leicht und schwerelos. So als würde er die Geschehnisse von einer anderen Ebene aus betrachten.

`*Ich hatte also recht mit meiner Vermutung! Tom wollte mit Lisa sterben in jener Nacht. Und Lisa? Wollte auch Lisa sterben? Hat sie jetzt nur zu Ende gebracht, was beide begonnen hatten? Hatte sie es sich im Auto damals im letzten Moment anders überlegt und plagten sie jetzt Gewissensbisse, weil sie ihn allein gelassen hatte? Aber was sollte der Grund für einen gemeinsamen Selbstmord sein? Sie hatten beide doch alles, was man sich nur wünschen konnte.´*

Steve weigerte sich an diese Version zu glauben. Es passte nicht zu dem von ihm wahrgenommenen Lebenshunger, der von Lisa ausging. Wenn er sich auf seine Intuition verlassen konnte, gab es nur eine Schlussfolgerung: Tom hatte damals versucht sich und Lisa umzubringen. Das schien ihm die einzig logische Erklärung zu sein. Das Warum war ihm noch nicht klar und er fand auch noch immer keine Erklärung dafür , warum Lisa ein halbes Jahr nach diesem Geschehen plötzlich Tabletten schluckte. Was war in diesem halben Jahr geschehen?

Steve sah sich noch einmal gründlich in Lisas Zimmer um, in der Hoffnung vielleicht doch noch einen Hinweis zu finden. Sie besaß viele Bücher und viele Schubladen mit unendlich vielen Papieren. Was glaubte er eigentlich finden zu können? Vielleicht musste er sich doch eingestehen, dass er Lisa zu etwas machen wollte, was sie gar nicht war. Er kannte nur ihr Gesicht und ihre Stimme. Alles an ihr schien so perfekt zu sein. Er wollte nicht an einen Selbstmord glauben. Und schon gar nicht wegen eines anderen Mannes...

Steve erschrak, denn ihm wurde plötzlich klar, dass er sich in ein Phantom verliebt hatte: `*Ich habe das Gefühl, dass Lisa zu mir gehört und nicht zu Tom. Bei meinem nächsten Besuch bei Frau Dr. Malek sollte ich vielleicht als Patient zu ihr kommen.*´

Steve wusste nicht, warum ihn dieser Fall überforderte. Er wurde in etwas hineingezogen, das er nicht verstand. Warum geriet die Welt, die er sich wieder so mühsam aufgebaut hatte, plötzlich aus den Fugen. Es war schwierig für Steve gewesen, nach seinen schweren Verletzungen vor drei Jahren wieder ins Leben zurückzufinden. Bis zu diesem verhängnisvollen Tag, stand er sich oft selbst im Weg, er war impulsiv und handelte aus dem Bauch heraus. Leider war es weniger die sensible Intuition die ihn handeln ließ. In ihm war große Wut, Ungeduld und in gewisser Weise war er lebensmüde, denn er setzte sich vollkommen unnötig Gefahren aus. Doch dann war plötzlich nichts mehr wie es war. Und doch hatte er sich bisher erfolgreich geweigert, näher darüber nachzudenken. Dass er plötzlich über feinere Sinne und hohe Intuition verfügte, hatte er mit der Zeit akzeptiert, und empfand es auch als recht hilfreich. Sein Lebensweg war friedvoller geworden und sein Herz ruhiger. Aber er vermied es, sich mit seinem Erlebnis, von dem er auch nicht mehr viel wusste, zu befassen. Im Gegenteil, er war froh, dass er sich kaum noch erinnern konnte. Aber jetzt war er an einem Punkt angekommen, an dem er bestimmte Dinge nicht mehr verdrängen konnte. Das, was er vorhin über Tom und Lisa gespürt hatte, war viel mehr als Intuition. Er war in dieses Drama verstrickt.

`*Ich muss darüber nachdenken*´, dachte Steve. *„Du könntest Urlaub nehmen, es ist der richtige*

Zeitpunkt", dachte es ihn ihm. Steve stutzte einen Moment.

Schließlich verabschiedete er sich von Frau Stone. Er setzte sich in den Wagen und dachte nach. Schließlich nahm er sein Handy und rief seinen Chef an, um kurzfristig aus persönlichen Gründen Urlaub zu nehmen.

Es war früher Nachmittag, als er am Meer saß und das Glitzern der Sonne auf der Wasseroberfläche betrachtete. Friedlich plätscherte das Wasser gegen den Stein, auf dem er saß. Er hatte endlich Zeit. Zeit, um einem Hirngespinst hinterherzujagen? Vieles ging ihm durch den Kopf.

`Was tue ich hier eigentlich? Werde ich langsam verrückt? Ich bin regelrecht besessen von diesem Fall, als gäbe es nichts anderes mehr. Auch Lisa hatte sich gefragt, ob sie verrückt werden würde. Sie glaubte, dass Tom ständig in ihrer Nähe sei. Wenn sie ebenfalls solche Träume gehabt hat wie ich, wundert mich nicht, dass sie verängstigt war und deprimiert.´*

„Und wenn ihr nicht verrückt seid? Vielleicht sind die meisten Verrückten nur anders. Vielleicht sehen sie nur eine Wirklichkeit, die den `Normalen´ verborgen bleibt? Vielleicht gibt es viele Wirklichkeiten?"

„Ja, ich bin verrückt", sagte Steve laut zu sich, als er bemerkte, dass da wieder eine Stimme in ihm war, die zu ihm sprach. Dann lachte er wie ein kleiner Junge, der gerade einen Streich ausgeheckt hatte: „Was soll's, warum soll nicht jeder ein wenig verrückt sein", sagte er wieder laut, und schnell sah er sich um, um sich zu vergewissern, dass ihn niemand gehört hatte. Aber es war keiner da.

Er sah hinaus auf das Wasser. Ein wenig Trauer spürte er und ein wenig Einsamkeit. Gerne würde er mit jemandem hier Arm in Arm sitzen und gemeinsam die Schönheiten der Natur betrachten. Oder Hand in Hand den Weg am Wasser entlang schlendern und die friedlich grasenden Schafe beobachten. Es wunderte ihn nicht, dass er dabei speziell an Lisa dachte, an ihr Gesicht, an ihre Stimme und besonders an ihre Augen. Es war, als würde er sie schon ein Leben lang kennen. Einen Augenblick stutzte er. Für den Bruchteil einer Sekunde hatte er das Gefühl, diese Szene schon einmal erlebt zu haben. Dieselben Gefühle und Gedanken über Lisa und dieselben Wünsche. Völlig unmöglich!

Es war wie ein flüchtiges Erinnern. Natürlich konnte das nicht sein. Es sei denn, sein Leben war vorherbestimmt. Wenn das so war, dann passierte er vielleicht gerade einen Kontrollpunkt. Es war ein eigenartiges Gefühl, wie ein Schluckauf in der Zeit. Irreal und verwirrend, aber die Szene so vertraut. Wo sollte das alles noch hinführen? Einmal noch atmete Steve den Geruch des Wassers tief ein, schloss die Augen und spürte den leicht aufkommenden Wind auf seiner Haut. Er spürte ein Kribbeln in den Fingerspitzen, als ob Energie ihn durchflutete und ihn mit dem Himmel und der Erde verband. Er fühlte sich erfrischt, so als habe er Lebensenergie aufgetankt.

Irgendwann ging er zu seinem Wagen zurück und klingelte wenig später bei Toms Eltern. Nachdem er ihnen von Lisa erzählt hatte, waren beide sehr erschüttert von Lisas Schicksal. Ihr eigenes Unglück wurde ihnen dadurch wieder ins Bewusstsein gebracht. Sie waren noch lange nicht über den Tod ihres einzigen Sohnes hinweg. Für sie gab es keinen Trost, ihr Leben hatte sich verändert, es war ärmer geworden. Und nun das mit Lisa! Sie hätten sie so gerne als Schwiegertochter gesehen, Tom und Lisa waren ein Traumpaar. Toms Mutter weinte, als sie Steve ein paar Fotos zeigte. Zu schmerzlich waren die Erinnerungen.

Toms Vater erzählte Steve, dass es für Tom nur Lisa gab. Er las ihr jeden Wunsch von den Augen ab und trug sie auf Händen. Er regelte alles für sie und übernahm Verantwortung. Toms Vater räumte ein, dass Tom oft überfürsorglich war und man schon sagen konnte, dass er alles kontrollieren wollte. Aber das sei ja schließlich nichts Schlechtes gewesen, für Lisa war das bestimmt hilfreich. Lisa war Toms Traumfrau, ohne Lisa wäre er nur ein halber Mensch, hatte Tom immer gesagt. Sein Leben war erst mit Lisa perfekt.

Nett sah er auf den Fotos aus. Sein Lächeln war spitzbübisch, er sah aus, wie ein hübscher Lausbube, dem man nicht böse sein konnte. Man merkte, dass seine Eltern ihn vergötterten. Sie hielten ihn für einen Träumer und für jemanden, der zu gut war für diese Welt. Sie hatten immer alles Schlechte und alle Probleme von ihm ferngehalten und ihm das Leben so angenehm wie möglich gemacht, damit er sich vollkommen seiner Kunst widmen konnte. Er war ein begnadeter Sänger und Lisa konnte stolz auf so einen Mann an ihrer Seite sein.

„Laut Protokoll vom Unfalltag hatten Lisa und Tom sich gestritten", begann Steve. „Hat Lisa Ihnen irgendetwas über den Grund erzählt?" „Gestritten? Die beiden hatten sich gestritten?" Toms Mutter schüttelte energisch den Kopf. Sie hielt das für ausgeschlossen, es sei nie ein böses Wort zwischen beiden gefallen. Nein, beim besten

Willen fiel beiden kein Grund ein. „Lisa hat uns noch zwei-oder dreimal besucht. Doch dann kam sie nicht mehr", erzählte Herr Dumont. „Lisa war nach dem Unfall verschlossen und wollte nichts erzählen. Sie holte ihre Sachen ab und dann telefonierten wir in den darauf folgenden Wochen ab und zu miteinander. Es wurde dann immer weniger und hörte schließlich ganz auf. Von einem Streit hat sie nie etwas erwähnt."

Toms Vater verstummte und blickte gedankenverloren aus dem Fenster. Schließlich drehte er sich wieder zu Steve um und fragte: „Möchten Sie vielleicht Toms Zimmer sehen? Wir haben es so gelassen wie es war. Sie wundern sich vielleicht, dass Tom hier noch gewohnt hat. Aber wissen Sie, er war so oft unterwegs. Er wollte keine Wohnung, da er nicht einmal sicher war, wo er irgendwann leben würde. Und dieses Haus hätte ihm eines Tages sowieso gehört, er fühlte sich hier zuhause."
„Sehr freundlich. Ja, ich würde das Zimmer gerne einmal sehen", antwortete Steve.

Alle drei stiegen die Treppe hinauf, die zu den oberen Räumen führte. Als Frau Dumont die Zimmertür öffnete, fiel Steves Blick sofort auf die gegenüberliegende Wand. Er sah eine Fototapete mit einem roten Sonnenuntergang am Meer und als

Kontrast an den Rändern schwarze Palmen. Das Zimmer war riesig und farblich perfekt der Tapete angepasst. Rechts an der Wand gab es eine große Couch aus schwarzem Leder. Zwei passende Sessel und ein Glastisch verteilten sich in der rechten Zimmerhälfte. Links stand ein Schreibtisch mit Drehstuhl, es gab ein Regal mit Büchern an der Wand und einen Durchgang in einen weiteren Raum, Toms Schlafzimmer. Die Bücher waren alle akkurat der Größe nach sortiert worden. Die Möbel waren aus schwarzem Holz und die restlichen Wände des Wohnraums waren in demselben orangerot gestrichen wie es auch in der Fototapete vorkam. Der Teppichboden war cremefarben und sah aus, als wäre es der Strand von der Fototapete. Über der Couch hing ein Foto. Es zeigte Lisa während einer Tanzszene in einem roten Kleid mit wehenden schwarzen Haaren. Auch im Schlafraum hing ein Bild von Lisa. Aber hier war es ein übergroßes Gemälde von ihrem Gesicht. In diesem Raum waren die Wände Lisas blauen Augen angepasst worden, ansonsten wieder schwarze Möbel.

Tom erschuf sich eine perfekte Welt, alles passte zusammen und jedes Detail war aufeinander abgestimmt. Steve hielt Tom für einen Perfektionisten, jemanden der keine Abweichungen duldete. Er war einer, der nach den Sternen griff, um sich das Schönste und Beste auszusuchen. `Wenn Lisa blond wäre, hätte sie nicht in dieses Bild gepasst`, schoss es Steve durch den Kopf.

Tom lebte in einer Traumwelt und Lisa gehörte für ihn unwiderruflich dazu. Er konnte sich mit ihr schmücken und sich dadurch noch besser darstellen. Aber was wäre gewesen, wenn sie diese Welt hätte verlassen wollen?

Steve rief sich Lisas Zimmer in Erinnerung und fühlte sich in die Atmosphäre hinein. Er hatte das Gefühl, dass Lisa genau wusste, dass sich hinter der Maske eines Clowns eine andere Wirklichkeit verbarg und dass alles nur Fassade war. Hinter Lisas Fassade fühlte er tiefe Traurigkeit und Chaos. Da Steve wusste, dass Lisa schon früh in ihrem Leben mit Tod und Verlust konfrontiert worden war, fühlte er, dass Lisa die Realität immer schmerzlich bewusst war. Ihr Schmerz wurde gemildert durch die Musik. Für sie war die Musik keine Form der Selbstdarstellung, es war für sie ein Weg, ihre Seele zu heilen und Freude und Liebe auszusenden.

Sowohl Lisa als auch Tom zogen die Fantasiewelt der Wirklichkeit vor. Aber während Tom ein Träumer war, war Lisa eine Realistin. Wenn ein Träumer sich in eine Traumwelt flüchtete, wurde die Wirklichkeit unerträglich für ihn, sobald der Traum zerbrach. Einem Realisten hingegen würde der Traum die Wirklichkeit verschönern. Steve kam zu dem Schluss, dass Lisa und Tom grundverschieden gewesen sein mussten. Aber sie hatten einen gemeinsamen Traum, den Traum der ewigen Liebe und dem immerwährenden Glück. Was aber, wenn einer von ihnen daraus erwachen würde?

Toms Bücher waren überwiegend Bildbände von schönen Landschaften, von Opernaufführungen und eigene Bilderalben. Welche Bücher hatte Lisa? Steve erinnerte sich nicht. Er nahm ein Album und schlug es auf. Es überraschte ihn nicht, überall Lisa zu finden. Tom war auf sie fixiert gewesen...und auf sich, denn auch von ihm gab es unzählige Fotos, aber nicht ein einziges von seinen Eltern oder Freunden.

Steve überlegte. `Hatte Lisa sich nicht gefragt, ob Liebe tödlich sein könne? Was, wenn Lisa sich von ihm hätte trennen wollen? Es war sicher undenkbar, dass Tom sich von Lisa getrennt hätte. Aber was wäre, wenn Lisa diese Beziehung nicht mehr gewollt hätte? Ein Streit während der Autofahrt hätte verheerende Folgen, denn Tom hätte den Gedanken Lisa zu verlieren nicht ertragen.´

Für Steve stand fest, dass Tom derjenige war, der zu Selbstmord neigte. Aber hätte Tom auch Lisa mit in den Tod genommen? Durchaus denkbar. Tom war sicher eine Hauptfigur in diesem Drama. Aber Tom war tot. Konnten Menschen über den Tod hinaus Macht über andere haben? Steve würde diesem Gedanken nachgehen müssen.

„Wir haben noch einen sehr schönen Film von dem letzten Musical, in dem beide gespielt haben. Möchten Sie ihn mitnehmen und ansehen?"

Jäh unterbrach Frau Dumont Steves Gedanken. „Ja, sehr gerne", antwortete Steve. „Wann brauchen Sie ihn zurück?" „Das hat keine Eile. Wir haben mehrere davon. Bringen Sie ihn bei Gelegenheit zurück. Und bringen Sie uns gute Nachrichten von Lisa mit", erwiderte Toms Mutter. Steve nahm die DVD an sich und verabschiedete sich.

Er konnte es kaum erwarten die Aufzeichnung zu sehen und so legte er sie zuhause sofort ein und spielte sie ab. Er war wieder von Lisa gefangen. Sie und Tom waren zumindest optisch ein Traumpaar, jedenfalls auf der Bühne. Aber auch privat? Es gab immer noch so viele Fragen und keine Antworten.

***

Lisa war ruhig geworden, blickte auf die Wasseroberfläche und hatte zu rudern aufgehört. Es gab nichts, was sie hätte erreichen können. Nirgends war Land in Sicht und sie gab auf. Jetzt konnte sie ihr Gesicht auf der Wasseroberfläche erkennen und erschrak. Als sie glaubte Tatjana zu sein, hatte sie ein vollkommen anderes Bild von sich. Das Gesicht, das sie jetzt sah, hatte eine gewisse Ähnlichkeit damit, war aber doch ganz anders. Auch passte der Name Tatjana gar nicht zu ihr.

Etwas war falsch. Eigentlich hatte sie sich gerade damit abgefunden, gestorben zu sein. Doch wenn es nicht so war, was war es dann? Was war los mit ihr? Sie entspannte sich, sah auf ihre Hände und begann mit ihren Fingern zu spielen. Es war alles echt, es fühlte sich alles real an. Kaum sichtbar bemerkte sie plötzlich einen silbernen dünnen Faden aus Licht, der von ihrem Bauchnabel ausging und nach oben in den Himmel führte. Ihr war, als wäre sie dort oben mit irgendetwas verbunden. Für einen kurzen Moment hörte sie Musik und einen lieblichen Gesang. Doch dann war es wieder still.

`Und wenn das hier auch nicht meine Welt ist? Wenn ich nur träume und in Wahrheit in eine ganz andere Welt gehöre? Wie komme ich dann dorthin,

wenn ich mich nur an Dinge erinnere, die falsch sind? Wie soll ich erkennen, wohin ich gehöre?´ Lisa wusste nicht weiter.

***

Steve saß an einem kleinen See hinter seinem Haus und meditierte. Im Laufe der letzten drei Jahre hatte er gelernt, auf diese Art Fragen und Probleme zuzulassen. Er hatte gelernt sie aus einer anderen Perspektive zu betrachten. Es war fast so, als stünde er neben sich wie ein Beobachter. Ein Beobachter konnte manche Dinge einfach besser erfassen und eher zu einer Lösung kommen als jemand, der völlig in seine Gefühle verstrickt war und sich wie ein Hamster im Rad drehte. Das Meditieren fiel ihm diesmal nicht so leicht. Er hatte seinen inneren Frieden verloren und er hatte das Gefühl in einen tiefen Schacht zu fallen. Er fiel immer tiefer, in der Hoffnung, endlich unten anzukommen, damit er die Chance bekam, wieder nach oben klettern zu können, um seinen Weg fortzusetzen. Es war nicht nur Lisa, die ihm den Boden unter den Füssen weggezogen hatte.

Begonnen hatte es schon Jahre vorher. Lisa hatte ihm nur wieder bewusst werden lassen, dass er noch immer fiel. Und da war sie wieder, die Stimme in ihm: „*Du hast deinen Weg verloren. Es geht dir nicht anders als Lisa. Auch du hast deinen*

Platz im Leben noch nicht gefunden. Der alte Weg stimmt nicht mehr und der neue Weg fühlt sich noch nicht richtig an. Zu viele offene Fragen lassen dich umherirren. Manchmal muss man stehenbleiben und sich neu orientieren."

Steve versank in das Spiegelbild, das ihn von der Wasseroberfläche aus anblickte. Was für ein Mensch war das, der ihn da ansah?

Plötzlich passierte etwas Eigenartiges. Steves Bewusstsein war nicht mehr in ihm, sondern er sah sich selbst am Seeufer sitzen. Sein Bewusstsein hatte sich in das Spiegelbild im See verlagert und von dort sah er in die traurigen Augen eines Mannes, der ihm so vertraut war. Er fühlte sich seltsam leicht und sein Bewusstsein war so weit wie der See groß war. Er war nicht mehr in diesem engen menschlichen Körper gefangen.

Steve erschrak und sofort war er wieder in seinem Körper. Sein Herz klopfte bis zum Hals, Schweißperlen standen ihm auf der Stirn und sein Kopf schien zu platzen. Das Erlebnis erinnerte ihn an das, was er all die Jahre verdrängt hatte. Der Tag, an dem er so schwer verletzt wurde, dass er starb. Damals sah er sich selbst am Boden liegen und schwebte wenige Meter entfernt über dem ihm so vertrauten Körper.

Es ärgerte ihn jetzt, dass er sich eben so erschrocken hatte, schließlich war er diesmal nicht tot und er hätte das flüchtige Erlebnis gern etwas länger festgehalten. Warum hatte er sich so erschrocken? Wovor hatte er Angst? Vor der Erinnerung an seinen Tod, der nur wenige Minuten andauerte? Er wusste, dass da noch etwas war. Ein Erlebnis, dass ihm wie eine Ewigkeit vorkam, aber er wollte sich nicht daran erinnern.

Sein Bewusstsein hatte die Erinnerung daran tief in sich eingeschlossen und den Schlüssel weggeworfen. Es war vergleichbar mit einem Traum. Man wusste genau, dass man etwas geträumt hatte, konnte sich auch nach dem Aufwachen noch einen Moment erinnern und dann war es weg. Mit zittrigen Händen berührte er den Rasen, er wollte ganz sicher sein, dass das Gras real war.

Steve gestand sich ein, dass er seit Jahren ein ernstes Problem hatte. Auch er lag nach seiner Verletzung für einige Zeit im Koma. Er war nie wirklich über die Ereignisse von damals hinweggekommen. Stattdessen hatte er alles verdrängt, aber da war noch etwas... ganz tief in ihm. Es war keine Phantasie und er durfte einen kurzen Blick darauf werfen. Steve wusste inzwischen, dass alles im Leben einen Sinn hatte.

Bisher war er davon ausgegangen, dass das Erlebnis sein Leben ändern sollte, was es ja auch getan hatte. Er hatte sich von seinem exzessiven Lebensstil verabschiedet und hatte sich von einem des Lebens überdrüssigen Mann in einen besonnenen, sensiblen und ausgeglichenen Menschen verwandelt. Keine Abenteuer mehr, keine Rücksichtslosigkeit und keine unnötigen Risiken. Er lebte jetzt das genaue Gegenteil von dem, was er einmal für seinen Lebenssinn gehalten hatte. Er lernte Kung Fu, Karate und Meditation. Steve lernte seine Aggressionen in andere Bahnen zu lenken und sie zu seinem Vorteil zu nutzen, statt sich zu vernichten. Als er tot war, hatte er etwas Erschreckendes erlebt. Er wollte damals auf jeden Fall sein Schicksal verändern und er bekam die Chance dazu.

Vielleicht war alles eine Vorbereitung auf das, was jetzt geschah? Ihm wurde schlagartig bewusst, dass jetzt der Zeitpunkt gekommen war, ein Versprechen einzulösen und sich dem Schatten seiner Vergangenheit zu stellen.

Er würde deshalb zu dem Treffen mit Janet gehen. `Es ist eine weitere Chance für mich. Alles geschieht, wenn es geschehen soll und wenn man es zulässt und dafür offen ist. Es gibt keine Zufälle und Janet weiß das auch. Diese Selbsthilfegruppe

liegt auf meinem Weg und vielleicht ist das auch
eine Chance für Lisa. Mein Leben und ihr Leben
hängen irgendwie zusammen und ich werde
herausfinden warum.´

Steve fror ein wenig, die Kälte kroch in sein
Herz und das machte ihm Angst. Die Angst wurde
stärker und schnürte ihm die Kehle zu. Instinktiv
richtete er seinen Blick zur Sonne, schloss die
Augen und fühlte, wie das Licht und die Wärme in
ihn einflossen. Er stellte sich eine Schnur aus Licht
vor, die ihn nach oben mit dem Himmel und nach
unten mit der Erde verband. Als er die Augen
öffnete, sah er unzählige kleine leuchtende Punkte
aus Energie, die in der Luft tanzten und beim
Zusammenprall auseinander stoben und in alle
Richtungen entschwanden, um dann wie von
Zauberhand wieder zu erscheinen. Er spürte eine
prickelnde Energie, die ihn umgab und schließlich
über seinen Kopf einen Weg zu seinem Herzen fand
und dort ein wohliges Gefühl auslöste. Die Energie
der Erde floss über seine Fußsohlen in seinen
Körper und fand ebenfalls den Weg zum Herzen.

Die Kraft der Erde und das Licht des Himmels
verwandelten sich im Herzen in Liebe und
Vertrauen in sein Höheres Selbst. Die Angst hatte
keine Macht mehr über ihn. Sie floss zusammen
mit anderen düsteren Gedanken über die Hände aus

dem Körper und wurde der Erde übergeben, wo sie vom Feuer gereinigt werden würde. Wie eine schwarze Masse verschwand alles und zurück blieb ein goldenes Licht, das nun den ganzen Körper und Geist erhellte. Steve fühlte sich beschützt und mit allem was existierte verbunden.

Steve fühlte sich nun wieder wohl. Da war irgendetwas, woran er sich nicht erinnern konnte oder wollte. Das war der Grund, warum Bilder oder Worte manchmal diesen plötzlichen Angstzustand in ihm auslösten. Er konnte es nicht kontrollieren oder verhindern, aber er hatte gelernt sich durch diese kleine Übung zu beruhigen. Er musste der Sache auf den Grund gehen, wenn er frei von Angst sein wollte.

Steve sah auf die Uhr. Er musste sich beeilen – er wollte noch schnell zu Torsten, bevor er zu dem Treffen ging.

Torsten war erstaunt, weil Steve für ihn unerwartet kam. Und Steve war nicht überrascht, auch Janet bei ihm anzutreffen.

„Janet, ich werde heute Abend zu dem Treffen kommen", sagte er anstelle einer Begrüßung. „Das freut mich, Steve. Du wirst interessante Leute kennenlernen und erstaunliche Geschichten hören." Steve wandte sich an Torsten: „Torsten, erinnerst du dich an den Tag, an dem ich angeschossen wurde? Als du mich an dem Tatort notdürftig versorgt hast?"

„Ja, sehr gut sogar. Es sah schlimm aus damals, du warst genau in die Schusslinie des Schützen geraten. Warum fragst du?"

„Erinnerst du dich noch, wie das damals war?" fragte Steve. „Lass mich überlegen", erwiderte Torsten und schwieg einen Moment, dann fuhr er fort: „Ja, ich weiß es noch. Du warst tot und es war ein Wunder, dass wir dich zurückholen konnten. Ich sagte damals..."

Steve unterbrach Torsten: „Ich erinnere mich, dass du sagtest, `den hat es aber böse erwischt´. Und dann habt ihr mit drei Mann neben mir gehockt, alles mögliche getan und einer der Männer sagte plötzlich `es hat keinen Sinn, er ist tot´. Er richtete sich auf und wollte weggehen. Ich sah, dass er unrasiert war und aussah, als ob er die ganze Nacht unterwegs gewesen war."

„Ja, so war es", bestätigte Torsten. „Es war bereits unsere zweite schlimme Nacht damals, er hatte dich aufgegeben."

Janet war aufgestanden und zum Fenster gegangen, sie sah hinaus als sie fragte: „Steve, wie konntest du hören und sehen, was die Ärzte sagten und taten, wenn du doch tot warst?"

Janet drehte sich zu Steve um und sah ihn fragend an. Auch Torsten blickte erstaunt zu Steve. Nach einer kleinen Pause antwortete er: „Ich habe mir eingeredet, es sei reine Einbildung gewesen. Deshalb habe ich auch bis heute nicht gefragt, was damals passiert ist. Ich wollte gar keine Bestätigung haben von dem was ich gesehen und gehört habe. Ich stand damals neben meinem Körper, der leblos am Boden lag. Ich stand hinter den knienden Ärzten. Ich konnte sehen, wie einer sich umdrehte, und ich sah ihm direkt ins Gesicht. Und wenn alles tatsächlich so gewesen ist, dann ist auch alles, was danach geschehen ist, real. Irgendetwas ist da noch gewesen, an das ich mich nicht erinnern will. Ich muss es aber herausbekommen, weil ich jetzt weiß, dass es wichtig ist. Janet, kannst du mir dabei helfen?"

Janet lächelte und sagte: „Ich werde es versuchen." Torsten fragte: „Wie wäre es mit Hypnose?"   Janet antwortete eher zögerlich: „Könnte man schon. Aber ich denke, wir werden es anders versuchen. Deine Blockade, Steve, ist ein Schutzmechanismus, den das Unterbewusstsein aufgebaut hat, um dich zu schützen. Alles hat seine Zeit. Und alles hat einen Sinn, auch das `sich nicht erinnern´. Offensichtlich passiert in dir bereits etwas, was den Schleier lüftet. Wenn du innerlich bereit bist, wirst du dich erinnern. Vielleicht ist jetzt der richtige Zeitpunkt und du brauchst nur noch einen kleinen Anstoß und alles ist wieder da. Aber nun lass uns losfahren, es wird Zeit."

Als Steve und Janet im Krankenhaus ankamen, waren bereits fünf Menschen eingetroffen, die an dem Treffen teilnehmen wollten. Es wurde Tee getrunken und jemand hatte belegte Brote mitgebracht. Mit der Zeit kam eine lockere Stimmung auf und schließlich begann ein älterer Mann über sein Erlebnis zu berichten.

Er war sehr aufgeregt, so als wäre es erst gestern geschehen, dabei war es schon zwanzig Jahre her. Auch er war für kurze Zeit tot gewesen und konnte ganz genau beschreiben, was im Operationssaal geschehen war. Er konnte sogar hören, was in einem Nebenraum gesprochen wurde. Er sah seine weinende Frau im Warteraum und er sah ein Licht. Er hatte das Gefühl irgendwo im Raum zu schweben, und das Licht an der Decke war so verlockend, dass er seine Hand danach ausstreckte. Er wurde in das Licht hineingezogen und fühlte Wärme, Liebe, Güte und Geborgenheit. Ihm wurde mitgeteilt, dass seine Zeit noch nicht gekommen sei und er noch seine Aufgaben erledigen könne. Wer das gesagt hatte, wusste er nicht, er erinnerte sich nur an Liebe. Nach seiner Genesung schrieb er endlich seine Bücher über verschiedene Pflanzen, deren Heilkräfte er über viele Jahre erforscht hatte. Er glaubte, dass sein Erlebnis ihm die Kraft gebe, diese Aufgaben umzusetzen.

Als weiterer Gast an diesem Abend sprach ein junges Mädchen: „Ich hatte einen schweren Autounfall. Ich spürte einen Schmerz und stand plötzlich ein paar Meter neben meinem Wagen und sah viele Menschen zu den ineinander verkeilten Autos laufen. Alle waren aufgeregt und bemühten sich um einen leblosen Menschen in einem der Wagen. Ich rief: „Was ist denn passiert?" und warf einen Blick auf den Körper. Es war mein Körper! Ich war völlig verwirrt, denn ich stand doch neben dem Wagen und beobachtete alles. Niemand hörte oder sah mich. Ich sah dann noch einmal auf den Körper, der mal meiner gewesen war, doch plötzlich interessierte er mich nicht mehr. Ich drehte mich um und ging weg. In einiger Entfernung sah ich ein Licht. Dort stand meine kürzlich verstorbene Großmutter und winkte mir zu. Ich freute mich, denn ich hatte sie sehr gern. Und so ging ich auf sie zu. Aber dann hörte ich sie sagen „Kind, du kannst noch nicht bleiben, du musst noch einmal zurück." Ich fühlte Enttäuschung, doch gleichzeitig wusste ich, dass sie recht hatte. Von einer unsichtbaren Kraft wurde ich in meinen Körper zurückgezogen und dann war alles schwarz. Ich erwachte erst wieder im Krankenhaus."

Der dritte Redner war ein kleiner Junge, der mit seiner Mutter gekommen war. Er erzählte, dass er in einem Bach ertrunken sei. Auch er sah Menschen, die sich um seinen Körper bemühten. Ihm war irgendwie gar nicht klar, dass das sein Körper war. Da die Menschen den Jungen nicht beachteten war ihm schnell langweilig und als er das Licht entdeckte ging er darauf zu. Er stand dann auf einer wunderschönen großen Wiese. Bunte Blumen sah er und alles roch nach Frühling. Er hörte Vögel zwitschern und eine zarte Melodie hüllte ihn ein, er fand es einfach nur schön. Und dann war da plötzlich ein Engel, der ihm sagte, er müsse wieder zurück und solle jedem erzählen, was er gesehen und erlebt habe. Er bräuchte niemals Angst zu haben, denn sein Schutzengel würde immer bei ihm sein. Alles ist gut, so wie es ist. Der kleine Junge wollte aber nicht zurück, denn es gefiel ihm dort so gut. Doch der Engel zeigte ihm seine Mutter und sagte: „Sieh mal, deine Mutter weint, sie braucht dich." Und so entschied er zurückzugehen. Seine Mutter glaubte ihm seine Geschichte und er durfte sie allen erzählen, die sie hören wollten.

Die letzte in der Runde war eine Mutter von vier Kindern. Nach der Geburt ihres vierten Kindes fühlte sie sich erschöpft und dachte oft, dass ihr alles zu viel werden würde. Schließlich bekam sie sehr hohes Fieber, wurde immer schwächer und starb. Sie sah ihren Körper im Krankenbett liegen. Gleichzeitig sah sie, wie auf einer Leinwand ihr Leben im Zeitraffer rückwärts vor ihren Augen ablief. Als ein Tunnel im Krankenzimmer erschien, der am Ende hell erleuchtet war, ging sie hinein. Immer wieder sah sie zurück, sie sah ihre Kinder, die noch so klein waren. Sie war unendlich traurig. Am Ende des Tunnels ergriff ein Lichtwesen liebevoll ihre Hände und fragte sie, ob sie wirklich zu gehen bereit sei. Sie antwortete, dass ihr Herz sehr schwer sei, aber sie sich zu schwach für die Verantwortung fühle. Da hüllte das Lichtwesen sie in eine heilende Energie ein und in dem Moment wusste sie, dass sie zu ihren Kindern zurückgehen würde. Es war noch nicht an der Zeit sie zu verlassen. Sie fand sich fast unmittelbar in ihrem Körper wieder, und wie durch ein Wunder wurde sie in kürzester Zeit gesund. Sie fühlte sich stark und war ihren Aufgaben gewachsen. Sie war unendlich dankbar dafür, eine zweite Chance erhalten zu haben.

Zum Schluss war Steve an der Reihe. Es kam ihm nun nicht mehr so ungewöhnlich vor, was er erlebt hatte. Er beschrieb was er sah und hörte, als er tot war. Er erzählte, dass auch er ein Licht gesehen habe und seine Eltern, die ihn freudig empfingen und in die Arme schließen wollten. Er lag zwei Tage im Koma und danach erholte er sich erstaunlich schnell. Aber er erzählte nicht alles. Zum einen, weil einiges noch große Lücken aufwies und zum anderen, weil es etwas gab, was er nicht erzählen wollte. Damals glaubt er , er sei es nicht wert gewesen, zu seinen Eltern ins Licht zu gehen. Seine Eltern konnten unmöglich stolz auf ihn sein und schon gar nicht könnten sie ihn lieben. Er wandte sich deshalb vom Licht ab und seine Eltern verschwanden. Und dann wurde er fortgerissen. Das war es, was ihn erschreckte und es war so ganz anders, als das, was die anderen erzählten. Die Welt, die er erlebte, war grauenvoll. Deshalb wollte er alles am liebsten vergessen. Und es ging auch niemanden etwas an.

Nach dem Treffen fuhr Steve sofort nach Hause. Er fühlte, dass Janet ihn gerne noch gesprochen hätte, aber er war nicht danach aufgelegt. Er konnte nicht darüber reden und war auch nicht bereit, sich diesem Teil seiner Welt zu stellen. Es war auch alles unklar und es gab nur flüchtige Bilder, die ihn ihm hochkamen. Er sah Spinnen zu seinen Füßen und fühlte, wie sie an ihm hoch krochen. Doch dann war auch alles wieder weg, zu flüchtig um es in Worte fassen zu können. Die anderen hatten so etwas nicht erlebt, vielleicht war alles nur eine Täuschung und reine Fantasie, obwohl er inzwischen in Betracht ziehen musste, dass er das wirklich erlebt hatte. Denn immerhin gab es auch Übereinstimmungen mit den anderen Erzählenden. Seine Beobachtungen als er tot war, das Licht und seine Eltern, all das schien ihm damals absolut real zu sein. Und dann musste da noch etwas gewesen sein. Er wusste nur noch, dass es wichtig war, aber so sehr er sich auch bemühte, er konnte sich nicht erinnern. Steve hatte es auch schon mit Meditation versucht, aber er konnte die Lücke nicht schließen. Er hatte immer nur das Gefühl etwas wichtiges vergessen zu haben. Vielleicht war es auch zu schrecklich und deshalb konnte er sich nicht daran erinnern. Sollte er sich nicht besser seinem Schatten stellen und der Erinnerung auf den Grund gehen? Sollte er die Hilfe von Janet annehmen? Aber was wäre, wenn die Erinnerungen so grauenvoll wären, dass er damit nicht leben könnte. Sich nicht an alles erinnern zu können, war vielleicht ein Segen.

Steve dachte an die Schießerei vor drei Jahren. Das Leben war ihm egal gewesen. Mit der Möglichkeit, dass es ein Leben nach dem Tod geben könnte, hatte er sich nicht beschäftigt. Der Tod war Erlösung von der Welt, die korrupt und gewalttätig war. Eine Welt, die er verachtete und eine Welt, die es nicht wert war zu erleben.

Es war nicht die Welt, die er gerne hätte. Damals lebte er inmitten einer Großstadt im Zentrum von Drogen und Prostitution. Er hatte ein kleines möbliertes Zimmer und war nur zum schlafen dort. Er fühlte sich ausgebrannt und hoffnungslos. Es spielte keine Rolle für ihn, ob er tot oder lebendig war. Er glaubte wirklich, der Tod sei das Ende aller Qualen.

Als er damals aus seinem Koma erwachte, änderte er sein Leben. Wenn auch der Tod so grauenvoll war und er diesem Grauen nicht entfliehen konnte, sollte wenigstens sein Leben anders sein. Ab sofort. Er verließ die Stadt, zog in sein neues Haus und begann zu leben. Ein Leben, das lebenswert und wertvoll für ihn war - ein Leben mit Freude und Mitgefühl. Er stellte fest, dass seine Einstellung zu den Dingen seine Lebensumstände änderten. Er meditierte viel und machte lange Spaziergänge. Mit der Zeit verstand er die Sprache der Natur und seine Kraft kam zu ihm zurück. Viele Fragen aber waren nicht geklärt und was Gott anging, so war er sich noch immer nicht sicher, ob es so etwas wie ein göttliches Wesen gab. Das Licht, das er damals kurz fühlte, vermittelte so etwas wie absolute Liebe und Glücksgefühle. Aber war das Gott? War das die Quelle der Liebe und war er ein Teil davon, wenn er es nur zuließ?

***

Lisa erkannte, dass sie gar nichts wusste. Sie ließ sich treiben und sie versuchte sich zu erinnern. Aber es waren immer nur kurze Bildsequenzen, die keinen Sinn ergaben.

Sie sah von ihrem Boot aus auf die Wasseroberfläche, die nun bedrohlich dunkel wirkte. Sie blickte in den Himmel und dunkle Wolken zogen auf. Ihr wurde kalt ums Herz. Sie hörte die leise Stimme eines Mannes von irgendwoher. Sie kam ihr vertraut vor und sie hörte ein Flüstern: „Lisa, komm zu mir, hilf mir, rette mich. Lass mich nicht allein. Du gehörst zu mir."

Einen Moment dachte Lisa, dass ihr diese Stimme bekannt vorkäme. Zunächst fühlte sie Liebe, doch dann kroch eine eisige Kälte in ihr hoch. Sie blickte aufs Wasser und erkannte unter der Oberfläche eine Gestalt, die ihr eine Hand entgegenstreckte. Sie wollte danach greifen, doch bevor sie die Oberfläche berührte, war das Wasser um sie herum gefroren und die flüsternde Stimme erstarb. Das Eis breitete sich mit rasender Geschwindigkeit aus und bald hatte sich alles Wasser in eine eisige Oberfläche verwandelt.

„Mein Name ist also Lisa", sagte sie laut zu sich selbst. Ihr schien das ein vertrauter Name zu sein. Aber wer war der Mann unter dem Eis?

Tom! Sein Name war Tom. Da war sie sich plötzlich ganz sicher. War es ihre Aufgabe ihn zu retten? Aber wie konnte sie jemanden retten, wenn sie sich selbst nicht einmal retten konnte. Sie sah sich um, sie saß fest, was also sollte sie tun?

***

Steves Traum in dieser Nacht nahm bedrohliche Formen an. Er träumte wieder vom Meer. Er wollte mit seinem Auto ans Meer fahren, doch die Straßen waren voller Schnee und Eis. Überall waren Schneeverwehungen und irgendwann ging es gar nicht mehr weiter. Ein riesiger Schneeberg versperrte den Weg und Steve fuhr sich fest. Er verließ den Wagen und entschloss sich, zu Fuß den Berg zu erklimmen. Als er schließlich oben ankam, sah er das Meer. Es war zu Eis gefroren und Eisberge machten es ihm unmöglich das kleine Boot zu erreichen, das Steve in der Ferne sah. Er wusste, dass Lisa auf diesem Boot war, aber er konnte sie nicht erreichen, so sehr er sich auch bemühte.

25.Juli

Als Steve erwachte, fühlte er sich wie erschlagen, so als habe er keine Sekunde geschlafen. Er brauchte eine ausgiebige Dusche und einen starken Kaffee, danach fühlte er sich besser. Immer wieder Lisa. Trat er etwa in die Fußstapfen von Tom? Tom war von Lisa besessen gewesen und auch Steve kam nicht mehr von ihr los. Oder aber Steve fühlte nur wie Tom und er hatte durch seine intuitiven Fähigkeiten Zugang zu Toms Gefühlswelt. Steve entschied, dass er mit jemandem darüber sprechen musste, und deshalb rief er Torsten an und bat ihn um ein Gespräch.

Torsten hatte Zeit für ihn und wenig später saßen sie in seinem Büro in der Klinik. Steve erzählte ihm von seinen Träumen und auch von dem, was Janet ihm erzählt hatte.

Torsten hatte aufmerksam zugehört und war nachdenklich geworden. Er war von Janets Intuition und Sensibilität überzeugt und er glaubte, dass mehr dahintersteckte, als nur verrückte Träume und Erlebnisse.

Torsten sah Steve an und sagte: „Du hast anscheinend damals eine Tür geöffnet, die du nie wieder schließen konntest oder solltest. Du hast damals nichts erzählt. Du sagtest nur, dass du dein

Leben ändern wolltest und das hast du ja gründlich getan. Ich habe gedacht, dass das mit deiner schweren Verletzung zu tun hätte ... dass du einfach genug hättest von deiner gefährlichen Arbeit. Obwohl..." Torsten machte eine Pause, so als würde er überlegen, ob er wirklich weitersprechen sollte.

„Obwohl was?" wollte Steve wissen. Torsten fuhr zögernd fort: „Also, ich habe lange Zeit nicht mehr daran gedacht, aber mir ist gestern wieder etwas eingefallen, was du gesagt hattest, als du aus dem Koma erwacht warst. Aber da du über nichts reden und lieber alles vergessen wolltest, habe ich niemals wieder danach gefragt. Aber ich fand es schon merkwürdig. Du sagtest: „Sie brauchen mich".

Steve wiederholte den Satz: „Sie brauchen mich? Ich kann mich überhaupt nicht daran erinnern. Was soll das bedeuten?" Torsten antwortete: „Du hast auch nie wieder davon gesprochen. Irgendwie dachte ich dann wohl, ich hätte mich verhört. Oder du wärst durcheinander gewesen und hättest gar nicht gewusst, was du sagtest. Ich hatte es vergessen, aber plötzlich ist es wieder da. Und vielleicht hat es ja doch eine Bedeutung, die erst jetzt wichtig wird. Vielleicht verbindet dich und Lisa mehr, als wir ahnen."

Steve dachte einen Augenblick nach und sagte dann: „Du könntest recht haben. Vielleicht ist es an der Zeit, Licht ins Dunkel zu bringen. Es hat vielleicht doch alles viel mehr mit mir zu tun, als ich bisher geglaubt habe."

***

Lisa hatte sich entschieden, dass sie Lisa sein musste. Sie verließ das Boot und lief sehr lange über das Eis. Eine unendliche Weite lag vor und hinter ihr. Sie fühlte nur noch die eisige Kälte, die sich um ihr Herz legte. Warum hatte sie nur die wundervolle Insel verlassen, da war es wenigstens warm, jetzt hatte sie gar nichts. Sie irrte einsam in einer unwirklichen Welt umher, ohne Ziel, ohne Anhaltspunkt.

Plötzlich stutzte sie und blieb stehen. Warum war sie eigentlich auf der Insel gestrandet? Sie erinnerte sich an die Schmetterlinge, die ihr Lebensfreude vermittelten und sie sah dort ihr Leben, als sie einmal Tatjana war. Was war der Sinn dieser Erinnerung, wenn sie doch jetzt ein ganz anderes Leben lebte, in dem sie Lisa hieß? Lisa fühlte, dass Tatjana ein Teil von ihr war und immer sein würde. Sie sollte sie auf ewig daran erinnern, dass man nie zu früh sein Leben aufgeben sollte. Manchmal musste man durch die Dunkelheit gehen, um das Licht schätzen zu lernen. Wurde sie jetzt dafür bestraft, weil sie vielleicht wieder einmal ihr Leben aufgegeben hatte?

Nein! Sie glaubte nicht an eine Bestrafung durch irgendeine höhere Macht. Auch wenn sie manchmal zweifelte, so glaubte sie an den freien Willen. Alles war ihre Entscheidung. Wenn sie ihr Leben beenden wollte, so war auch das ihre freie Entscheidung. Niemand würde sie dafür bestrafen. Aber sie hatte zu irgendeinem Zeitpunkt beschlossen, dass ein Selbstmord keine Option mehr für sie war.

Was, wenn etwas in ihrem Leben als Lisa geschehen war, was diesen Vorsatz über den Haufen geworden hatte? Dann war sie sicherlich von sich maßlos enttäuscht und diese Enttäuschung konnte sie sich nicht verzeihen. Lisa wurde schlagartig klar, dass sie selbst sich die Ketten angelegt hatte und nicht vorankam, weil sie glaubte versagt zu haben. Sie bestrafte sich selbst.

In diesem Moment entschied sie sich dafür, mit der Selbstbestrafung aufzuhören. „Wenn ich meinen Vorsatz gebrochen oder Fehler gemacht habe, dann ist es so. Es gab sicher einen Grund , warum ich so gehandelt habe. Ich verzeihe mir. Es ist genug!" rief sie laut und richtete ihren Blick in den Himmel.

Da war sie wieder, die dünne silberne Schnur, die von ihrem Körper ausging. Fast unsichtbar zeigte sie die Richtung an. War das der Weg zurück oder in die Zukunft? Es war Lisa vollkommen egal, wohin der Weg führen würde. Es war ein Weg.

In diesem Moment hoffte Lisa, dass sie vielleicht doch nicht tot war. Sie war möglicherweise noch mit ihrem Leben verbunden und vielleicht hatte sie einfach nur ihren Weg verloren. Und sie wünschte sich, ihn wiederzufinden.

Sie ging weiter und bemerkte, dass sich mit der Zeit der Weg veränderte. Sie lief nun auf sandigem Boden. Das Eis gab das Land frei, sie hatte wieder festen Boden unter den Füssen und es gab einen Weg, dem sie folgen konnte. Ein Gefühl von großer Dankbarkeit erfüllte nun ihr Herz. Sie hatte wieder einen Weg gefunden und die Hoffnung, dass es ihr Weg war. Sie war zuversichtlich und hatte wieder Mut gefasst, die silberne Schnur war jetzt ganz deutlich zu erkennen. Sie musste ihr nur folgen, jeder Weg beginnt mit dem ersten Schritt.

Wieder verging eine lange Zeit bis Lisa abrupt stehenblieb. „Also gut!" Lisa rief es in die Unendlichkeit. „Ich gestehe mir ein, dass ich Hilfe brauche. Ich kann nicht immer alles mit mir allein austragen. Ich bin jetzt bereit Hilfe anzunehmen."

Sie fühlte sich wie befreit. Eine Präsenz war da, eine liebevolle und mit Licht erfüllte Wesenheit. Sie fühlte sofort, dass sie nicht mehr allein war. Zutiefst überzeugt von dieser Einsicht ging sie beschwingt den Weg weiter.

Wenig später erreichte sie ein Dorf mit vielen Menschen und zwei davon kamen freudig auf sie zu. Lisa fühlte tiefe Liebe und Zuneigung, als sie ihre Eltern erkannte. Sie war niemals allein und würde niemals allein sein.

Ihre Eltern freuten sich, ihre Tochter zu sehen und nahmen sie in die Arme. Trotz aller Freude sagte ihre Mutter: „Was machst du denn hier? Du solltest nicht hier sein!"

„Wo soll ich denn sein? Träume ich oder was passiert gerade mit mir? Bin ich noch am Leben?" wollte Lisa wissen. Ihr Vater sah sie liebevoll an und sagte:„Aber ja, natürlich bist du noch am Leben. Aber dein Leben hängt an einem seidenen Faden. Siehst du die silberne Schnur? Solange sie nicht gerissen ist, ist deine Seele noch mit deinem irdischen Körper verbunden. Hier in diesem Dorf treffen sich viele Seelen. Manche träumen, manche befinden sich auf einer Astralreise oder sie meditieren gerade. Wieder andere liegen im Koma, so wie du. Aber was genau geschehen ist, können wir dir leider auch nicht sagen, weil wir das nicht

wissen." Nun übernahm Lisas Mutter das Gespräch: "Weißt du, wir leben nicht hier. Wir hörten nur, dass du hier eintreffen würdest und wir dich hier treffen sollten. Wir haben inzwischen gelernt zu erkennen, wann Menschen nur träumen und unbewusst hier sind. Sieh mal!" Lisas Mutter zeigte auf einen seltsamen Mann, der kopfüber in einem Baum hing und offensichtlich nicht wusste wie er wieder herunterkommen sollte. "Der Mann träumt gerade." Lisa lächelte, der Anblick war einfach zu komisch. "Und was soll ich jetzt tun?" Lisa sah ihre Eltern fragend an. "Du kannst machen, was du willst," antwortete ihr Vater, "du kannst sogar entscheiden, in dein Leben zurückzukehren."

Lisa überlegte einen Moment, dann sagte sie: "Ich weiß leider nicht sehr viel von meinem Leben. Im Moment tauchen immer mal wieder Bruchstücke auf. Ich weiß meinen Namen und ich kenne irgendeinen Tom. Aber der Rest ist nur vage. Und ich höre Musik. Ich liebe Musik, das weiß ich ganz genau. Warum habe ich fast alles vergessen?" Ihre Mutter nahm sie an die Hand und antwortete nachdenklich: "Vielleicht gibt es einen Ort, wo du Antworten findest. Wir haben hier einen heiligen Platz. Wenn Menschen ihren Weg verloren haben, gehen sie dort hin. Es gibt dort einen Wächter, der dir sagen kann, was du tun *musst. Komm mit uns, wir bringen dich hin. Wir würden uns durchaus freuen, wenn du hier bleiben würdest. Aber ich glaube, du solltest zunächst mit dem Wächter sprechen. "*

Die drei gingen Hand in Hand durch das Dorf. Lisa sah viele Dinge, die ungewöhnlich waren und ihr fremd vorkamen. Auch wenn sie nicht viel von ihrem Leben wusste, so wusste sie intuitiv, dass einiges in ihrer Welt so nicht möglich war. Hier hingegen schon. Ob Fantasie oder scheinbar Unmögliches, hier gab es alles nebeneinander. Ein Sammelsurium an Möglichkeiten, alles was der Geist erfinden konnte. Fliegende Menschen, Wasserfälle, die bergauf flossen, Schmetterlinge so groß, dass man auf ihnen reiten konnte. Es gab keine Grenzen, es war ein merkwürdiger Ort.

***

Steve und Janet saßen am Nachmittag bei Frau Stone und tranken Tee. Alle drei verstanden sich prächtig. Auch wenn der Anlass eher traurig war, so freute Janet sich dennoch, dass sie hier eine Seelenverwandte gefunden hatte. Das Gespräch verlief lebhaft und spannend. Die Themen handelten von der Seele, von Geistern, Magie, Mystik und Fabeltieren - es war eine breite Palette und doch gehörte alles zusammen. Es war nichts Unheimliches dabei. Die drei gingen mit den

Themen um, als sei es das Normalste von der Welt. Diese Dinge hatten einen Platz in ihrem Leben, deshalb gab es keine Angst oder Unbehagen. Denn es war von Licht erfüllt, eben nur eine andere Welt, die man durch eine Tür betreten konnte. Diese Türen konnten überall sein, man musste sie nur erkennen und bereit sein sie zu öffnen. Ob man hindurchging, war eine andere Frage und Steve war zu diesem Zeitpunk noch nicht klar, dass er schon bald eine Entscheidung darüber treffen musste. Aber im Moment war es nur eine Plauderei über Anderswelten.

Schließlich gingen Steve und Janet nach oben in Lisas Zimmer und ließen die Energie dort auf sich wirken. Steve war eher der Beobachter und Janet schloss die Augen und stellte sich in die Mitte des Raumes. Sie verschmolz mit dem Raum, den Erinnerungen dort und mit Lisa.

„Steve, hast du diesen Brief dabei, den Lisa geschrieben hat?" fragte Janet nach einer Weile. Steve durchsuchte seine Jackentaschen und schließlich fand er ihn und gab ihn Janet. Wieder blieb es eine Weile sehr still und Steve konzentrierte sich so sehr auf Janet´s Gesicht, dass ihr Antlitz regelrecht vor seinen Augen verschwamm. Er sah in schneller Abfolge viele verschiedene Gesichter, alle ähnlich, aber doch sehr unterschiedlich. So als würden ihre ganzen Existenzen vor seinen Augen ablaufen. Eines ihrer Gesichter war strahlend hell und danach löste es sich fast auf, jedenfalls war das der Eindruck, den Steve hatte. Seine Konzentration wurde unterbrochen, als Janet sich erschöpft auf das Bett setzte. Sie zitterte leicht und ihr liefen Tränen über das Gesicht. Sie brauchte einen Moment, bevor sie mit Steve sprechen konnte. Er fragte. „Wie geht es dir? Du siehst sehr mitgenommen aus." Janet hatte sich wieder gefangen und antwortete: „Mir geht es wieder gut. Aber Lisa ging es ganz furchtbar in dieser besagten Nacht, als sie den Brief schrieb. Und es war noch eine Präsenz im Raum. Ein junger Mann, sehr besitzergreifend und bestimmend. Ich sage Präsenz, weil er ein Geist war, ich glaube es war Tom. Während Lisa schrieb, übernahm er die Kontrolle über ihren Geist und sie schrieb schließlich, was er diktierte. Er wollte, dass sie ihm folgte. So wie ich das jetzt einschätze, war sie tatsächlich nicht mehr sie selbst. Tom hatte große Macht über sie." Steve konnte das kaum glauben: „Das hieße ja, dass ein Toter Macht über einen Lebenden haben kann. Ist das überhaupt möglich?"

Janet zuckte die Schultern: „Wer weiß was alles möglich ist. Viele Menschen haben zu Lebzeiten Macht über andere und auch über den Tod hinaus. Auch wenn das zumeist nicht bewusst stattfindet.

Aber viele Hinterbliebene können die Toten nicht gehen lassen und können ihr Leben nicht mehr wirklich frei weiterleben. Sie klammern sich an Erinnerungen und an die Vergangenheit, so dass kein Raum für Neues ist. Ich finde, das ist nicht viel anders, als das was hier geschehen ist. Ein Verstorbener wird auch oft festgehalten, statt ihn gehen zu lassen. Hier ist es eben umgekehrt. Und das eine bedingt das andere. Lisa hatte Schuldgefühle, dadurch war sie an Tom gekettet. Und Tom … Tom konnte ohne sie nicht leben. Ist die Verbindung sehr stark oder eine der Seelen sehr mächtig, dann kann sie Einfluss nehmen auf die Emotionen des anderen. Dann kann sie sogar seinen Willen brechen und manchmal sogar den Körper besetzen. Eine Besetzung kommt sogar recht häufig vor, wenn sie auch meist nicht so gravierende Folgen hat wie hier."

Beide schwiegen eine Weile. Steve musste nachdenken. Schließlich sagte er: „Meine Güte. Und ich kann den Schuldigen noch nicht mal verhaften. Nach außen ist und bleibt es ein versuchter Selbstmord. Ich habe gelesen, dass man unter Hypnose Menschen sogar Morde begehen lassen kann. Kann man das mit diesem Fall vergleichen?" Janet überlegte einen Moment, dann antwortete sie: „ Ich habe das auch schon oft gelesen, aber ein Hynotiseur kann einen Menschen nur zu Taten bringen, die er sowieso zu tun bereit wäre. Er kann nicht gegen die innere Überzeugung ankommen. Auf der anderen Seite weiß man natürlich nicht, ob nicht jeder unter bestimmten Umständen zu allem fähig wäre. Ich würde in diesem Fall sagen, Lisas Seele war nicht grundsätzlich abgeneigt zu gehen. Aber da sie bisher überlebt hat, scheint tief in ihr ein Überlebenswille vorhanden zu sein. Ein solcher Tod scheint nicht in ihren Lebensplan zu passen."

Steve sah sie fragend an: „Du meinst also, wir alle haben eine Plan, mit dem wir hierher kommen?" Janet nickte und fragte zurück: „Hast du keinen? Hast du nie das Gefühl gehabt, dass du irgendeine Aufgabe erfüllen willst?" Steve zuckte mit den Schultern: „Keine Ahnung. Ich habe noch keinen Plan gesehen. Wie auch immer...in diesem Fall kann ich mir wohl die Suche nach Carol sparen. Wenn es sie gibt, hat sie diesen Brief nicht erhalten und ein Fremdverschulden im typischen Sinne gibt es auch nicht. Trotzdem werde ich das Gefühl nicht los, dass mich mit Lisa etwas verbindet. Mir ist so, als ob ich irgendetwas tun müsste." Janet lächelte verschmitzt: „Deine Lebensaufgabe?"

***

Lisa und ihre Eltern erreichten nach einem langen Fußmarsch durch einen Wald schließlich einen dunkelgrünen See. Graue Felsen ragten hoch empor und ein Wasserfall speiste den See. Hinter dem Wasserfall gab es eine Höhle, die über einen schmalen Weg, der am See vorbeiführte, zu erreichen war. Vor dem Eingang der Höhle saß ein alter Indianer, der ein Nickerchen zu machen schien.

„Wir müssen nun wieder zurück. Wenn du tatsächlich in diese Höhle gehen willst, musst du das ohne uns tun. Finde dich oder erfinde dich neu." Mit diesen geheimnisvollen Worten ergriff ihre Mutter Lisas Hände und gab ihr einen Kuss auf die Stirn. Dann drehten sich ihre Eltern um und gingen den Weg zurück, den sie gekommen waren.

`Mich finden. Wie das wohl gemeint ist?´ dachte Lisa. In diesem Moment öffnete der Indianer die Augen. Er sah Lisa an, sagte aber kein Wort. Er blickte tief in ihre Seele und wartete.

Lisa begann sich unbehaglich zu fühlen. Was sollte sie denn jetzt tun? Wieder dachte sie an die Worte ihrer Mutter ´Finde dich oder erfinde dich neu´.

Schließlich sagte sie laut: „Ich würde gerne mein Leben wiederfinden."

„Für den Moment hast du deine Entscheidung getroffen," sagte der alte Indianer und wies sie an mit ihm die Höhle zu betreten.

***

Indessen war es in Steves Welt fast Abend geworden. Heute war der große Tag für Steves Rückführung in die Zeit vor drei Jahren, als er diee Nah-Tod-Erfahrung hatte und im Koma lag. Ihm war etwas mulmig zumute. Aber mehr denn je war er überzeugt, dass er sich erinnern musste, was damals geschehen war. Wenn er Lisa helfen wollte, dann musste er diesen Schritt gehen. Torsten hatte gefragt, ob er dabei sein dürfe und da weder er noch Janet etwas dagegen hatten, trafen sich alle bei Torsten.

Steve machte es sich auf einer Liege bequem und schloss die Augen. Janet begann mit der Rückführung. Es dauerte eine Weile bis Steve schließlich einen Korridor mit vielen Türen vor seinem inneren Auge sah. Steve ging den Korridor entlang und Janet wies ihn an, eine Tür zu suchen, von der er annahm, dass dahinter die Geheimnisse von vor drei Jahren zu finden waren. Steve sah diese Tür, sie leuchtete heller als die anderen. Er wich erschreckt einen Schritt zurück, war unfähig die Klinke zu drücken um die Tür zu öffnen. Janet fragte Steve, warum er die Tür nicht öffnen könne und Steve sah auf die Türklinke. Sie bewegte sich. Es war eine Schlange, die ihren Kopf immer wieder in Richtung seiner Hand nach vorne schnellte, so als wolle sie ihn beißen.

Janet wusste, dass Schlangen Krafttiere in der alten indianischen Mythologie waren und unter anderem für Heilung standen. Sie wunderte sich, denn in einer Rückführung waren ihr Krafttiere bisher nicht begegnet. Sie tauchten in schamanischen Reisen auf, dort waren sie ausgesprochen wichtig und hilfreich. Sie bedeuteten Schutz und wiesen den Weg. Aber Janet wusste auch, dass jede Seelenreise anders war und für Steve musste das eine Bedeutung haben. Sie stellte sich deshalb auf die Situation ein und sagte: „Frage die Schlange, warum sie dich nicht durchlässt. In der Welt, in der du gerade bist, kannst du mit Tieren sprechen und sie verstehen."

Steve fragte deshalb die Schlange nach dem Grund ihres Verhaltens. Die Schlange antwortete: „Du hast selbst entschieden zu vergessen. Ich erfülle nur deinen Auftrag."

Steve überlegte einen Moment und bestätigte die Worte: „Es stimmt. Ich wollte alles vergessen. Ich habe mir selbst den Zugang verschlossen. Aber warum mithilfe einer Schlange? Ich glaube es ist Zeit meine Entscheidung zu revidieren." Steve fühlte, dass alles einen Sinn hatte und das alles, was damals und jetzt geschah, zusammengehörte. Es hatte mit ihm und Lisa zu tun. Deshalb sagte er zu der Schlange: „Ich danke dir. Diese Entscheidung war zu einem bestimmten Zeitpunkt richtig. Doch jetzt will ich etwas anderes. Bitte lass mich durch."

Die Schlange verschwand augenblicklich und Steve konnte ohne Probleme die Tür öffnen und ging hindurch. Dann spürte er die Kugel, die seine Brust durchschlug. Für einen Moment fühlte er den Schmerz und dann sah er sich am Boden liegen. Ja, so war das damals. Genau so. Er hörte wieder die Worte von den Helfern und sah Torsten, wie er um Steves Leben kämpfte.

Steve drehte sich um und sah dort seine Eltern im Licht stehen. Das Licht war wunderschön. Seine Eltern winkten ihn herbei, doch er fühlte, dass das nicht *sein* Weg war. Er glaubte, sie hätten einen besseren Sohn verdient, da er sich der Gewalt verschrieben und nun selbst ihr Opfer geworden war. Seine Eltern waren liebevolle Geschöpfe, aber würden sie ihn auch jetzt noch lieben können? In diesem Moment glaubte er, er sei es nicht wert geliebt zu werden. Er fühlte sich wie ein Versager und konnte deshalb nicht zu ihnen gehen. Als diese Entscheidung gefallen war, erlosch das Licht und es entstand ein dunkler Tunnel. Steve glaubte damals, dass genau das sein Weg sein musste und ging hinein.

Der Boden dort war schlammig, Blitze schossen aus der Tunneldecke und immer wieder rutschte er aus, wenn er davonlaufen wollte. Aus den Tunnelwänden kamen Hände hervor, die nach ihm griffen. Er wusste nicht, ob diese Hände ihm helfen oder in den Abgrund ziehen wollten.

War das der Tod? So trostlos wie sein Leben? In seinem Leben hätte er vielleicht noch etwas kontrollieren können. Vielleicht hätte er noch etwas ändern können. Aber hier? Spinnen krochen an seinen Beinen empor und immer wieder versuchte er sie abzuschütteln, er konnte sie noch nie leiden. Schemenhafte Gesichter mit leeren, toten Augen tauchten aus dem Nichts auf. Steve spürte schmerzhaft die eigene Leere in sich. Der Tunnel verlief abwärts und schließlich verlor Steve das Gleichgewicht und rutschte in die Tiefe. Verzweifelt suchte er Halt und wollte sich an der Tunnelwand festhalten, aber da waren diese Hände, denen er nicht trauen konnte.

Plötzlich hörte er eine vertraute Stimme: „Lass los!" Einen Moment noch zweifelte er. Doch dann ließ Steve los - ließ es geschehen. Er rutschte tiefer und tiefer in die Dunkelheit. Steve erkannte, was ihn bisher blockiert hatte, um ein erfülltes Leben leben und seiner kosmischen Bestimmung folgen zu können. Seine blinde Wut blockierte sein Leben und Schuldgefühle seine Freude. Er war von sich enttäuscht und glaubte insbesondere seine Eltern enttäuscht zu haben. Diese Scham blockierte seine Willenskraft, und es machte ihn zum Opfer widriger Umstände. Er wurde in einen Strudel negativer Gefühle und Ereignisse gezogen. Sein Kummer ließ ihn an der Liebe zweifeln und die Lüge in der Welt an der Wahrheit. Die Illusion vom Glück getrennt zu sein, verhinderte die Einsicht, dass alles miteinander verbunden war und auch er ein Recht auf alles Gute und Schöne hatte. All das waren irdische Verstrickungen und als er erkannte, dass das alles in diesem Moment keine Bedeutung mehr für ihn hatte, verlor es die Macht über ihn. Er ließ los und fühlte sich leicht und befreit.

Es folgte ein dumpfer Aufprall und er fand sich auf einem Hügel wieder. Steve rappelte sich auf und stellte fest, dass er den Körper eines Kindes hatte. Obwohl er erwartete voller Schlamm zu sein, war das nicht der Fall. Er war in Leder gekleidet wie ein Indianer und es fühlte sich gut an. Dann sah er sich um. Unter ihm gab es eine weite Ebene mit riesigen, friedlich grasenden Büffelherden. Unendlich schien das Land zu sein, in weiter Ferne sah er eine Bergkette und ein großer

Fluss schlängelte sich durch das weite Tal. Aus einer kleinen Wunde aus seiner Hand floss Blut und der Hauch einer Erinnerung kam in ihm hoch.

„Ah, da bist du ja!" Dieselbe Stimme von vorhin riss den kleinen Steve aus seinen Gedanken. Vor ihm stand ein alter Indianer und lächelte ihn an. „Großvater?" fragte Steve erstaunt.

„Ja, mein Junge. Jedenfalls bin ich auch dein Großvater. Irgendwie. Ich bin hier, weil ich dich an etwas erinnern soll. Frag nichts. Komm!" Beide schlichen hinter einen Felsen und sahen von dort auf ein Indianerdorf. Etwas abseits war ein kleines Lagerfeuer.

Plötzlich veränderte sich etwas an der Szene. Steve war immer noch der kleine Junge, aber jetzt saß er an dem Lagerfeuer. Er war nicht mehr der Beobachter, sondern jetzt war er mittendrin im Geschehen. An dem Feuer saßen noch ein Junge und ein Mädchen, alle waren etwa gleich alt. Sie schworen sich gerade immer füreinander da zu sein. Jetzt und für alle Zeit und es wurde mit Blut besiegelt.

Steve fühlte die tiefe Verbundenheit zu den beiden anderen Kindern. Zusammen waren sie wie eine einzige Seele. Er wusste, dass jeder ein eigenständiges Individuum war, jeder hatte seine eigenen Ziele und Aufgaben zu bewältigen. Aber sie waren Teil eines Ganzen. Niemand musste alle Erfahrungen selbst machen, man konnte sich das in einer Seelenfamilie aufteilen. Und die drei waren aus einer Seelengemeinschaft. Ihre gemeinsame Aufgabe war es, Vertrauen zu sich selbst zu haben und in die große Kraft, die in allem wohnt.

Die drei Kinder hatten sich das Zeichen einer Schlange auf das Handgelenk gemalt, um ihre Verbundenheit zu bestärken. Steve wusste, dass die drei sich schon ewig kannten. Er wusste, dass zwischen ihnen ein starkes Band geknüpft war, sie waren durch Seelenverträge miteinander verbunden. Ein warmes Gefühl entstand in seiner Brust. Der andere Junge und er waren Brüder und das Mädchen war ihre Freundin, die sie beide beschützten. Für immer. Bilder anderer Existenzen kamen in Steve hoch. Jetzt waren sie an einem Punkt angekommen, wo sie ihre Lektionen des Lebens abschließen wollten. Alle wollten lernen der Liebe zu folgen statt der Angst. Sein Bruder wollte lernen loszulassen, Kontrolle aufzugeben und den Willen anderer zu respektieren. Ihre Freundin wollte lernen Entscheidungen zu treffen, ihre Ziele zu verfolgen und ihr eigenes Leben zu leben, ohne es sich von anderen aufzwingen zu lassen. Sie wollte in ihre Kraft finden, um ihre höhere Bestimmung erfüllen zu können.

Die drei waren schon manches Mal gescheitert und jetzt entschieden sie, dass sie gegenseitige Hilfe annehmen und sich in der Not zur Seite stehen wollten. Obwohl sie noch Kinder waren, waren sie große Seelen. Wie groß sie allerdings wirklich waren, konnten sie in diesem Moment nicht einmal erahnen.

Sie entschieden sich alle dafür, ihr Leben in Wertschätzung, in Liebe und in Verantwortung für sich und andere zu leben, ohne ihre Persönlichkeit aufzugeben. Auch wenn die Kinder sich dessen zu diesem Zeitpunkt nicht wirklich bewusst waren, so wussten ihre alten Seelen dies ganz genau. Denn ihre Seelen waren mit dem göttlichen Plan der Evolution verbunden. Der Kreislauf von Angst, Schuld, Scham, Kummer, Lügen und Illusion sollte beendet werden. Ein friedliches Miteinander aller Lebewesen in Harmonie und Liebe war das große Ziel, das nie aufgegeben werden würde. Ein Aufstieg aus der Dunkelheit ins Licht, aus dem Unbewussten in die Bewusstheit. Jeder von ihnen würde seinen Teil dazu beitragen und der Schwur besiegelte es. Auch wenn sie dies wieder vergessen würden, würde es Momente des Erinnerns geben - Haltepunkte im Leben, die kleinen Zeichen am Wegesrand. Die drei Seelen hatten klare Vorstellungen von ihren Visionen und ihren Zielen. Der Weg war schwer, denn er bedeutete durch die negativen Emotionen hindurchzugehen, ohne sich darin zu verlieren. Wenn sie es nicht heute erreichten, dann morgen. Es würde geschehen.

Steves Welt veränderte sich wieder. Er war plötzlich nicht mehr der kleine Indianerjunge am Lagerfeuer. Er war wieder der erwachsene Steve, der hinter dem Felsen stand. Aber er war reicher geworden, denn er fühlte im Herzen Liebe und Dankbarkeit für diesen erlebten Moment.

„Sie werden bald deine Hilfe brauchen", sagte sein Großvater. „Gehe nun in deine Welt zurück, du kannst sie noch nicht verlassen. Du wolltest dich nur erinnern. Deine Aufgabe ist noch nicht erfüllt."

Steve wurde wie von einem Sog fortgezogen von dem Platz, an dem er stand und fand sich im Korridor mit den vielen Türen wieder. Die Tür schloss sich und Janet führte ihn langsam wieder zurück in seine jetzige Realität.

Steve brauchte einen Moment, um sich wieder zurechtzufinden. „Das Erlebnis war so intensiv, es hat mich damals wie heute sehr berührt", begann er zu sprechen. „Ich kann kaum glauben, dass das nicht meine reale Welt war. Ich weiß jetzt, dass ich mich nicht an mein Erlebnis erinnern wollte, weil ich mir so schlecht vorkam, als ich meine Eltern sah. Ich fühlte mich elend, weil ich nie wirklich dankbar war für das, was sie alles für mich getan hatten. Ich war voller Wut und Verbitterung. Es gab Momente in meinem Leben, da verfluchte ich den Tag, an dem ich geboren wurde und gab meinen Eltern die Schuld, dass sie mir dieses Leben hier zugemutet hatten. Als ich tödlich getroffen wurde, fühlte ich mich schuldig, weil ich so dachte und ich erkannte, dass ich allein verantwortlich war. Ich trug die Verantwortung für mein Leben, denn ich hatte es mir so ausgesucht. Ich trug die Verantwortung für meinen Tod, denn er war die Konsequenz meines Lebens. Ich allein trug die Verantwortung, nicht meine Eltern oder sonst irgendjemand.

Ich erkannte es damals sofort, als wäre ein Schleier von meinem Bewusstsein genommen worden. In dem Moment schwor ich mir, mein Leben würde sich ändern, wenn ich noch eine Chance dazu bekäme. Ich glaubte damals so viel falsch gemacht zu haben, dass ich mich schämte. Heute weiß ich, dass ich so handeln musste, um dort zu sein, wo ich jetzt bin. Alles was geschah hatte einen Sinn. Aber damals, im Moment meines Todes, konnte ich mir nicht verzeihen. Ich dachte, meine Eltern hätten einen besseren Sohn verdient.

Als ich aus dem Koma erwachte, hatte ich das Erlebnis erfolgreich verdrängt. Nur die tiefe

Überzeugung, mein Leben müsste sich ändern, blieb. Dieser Tunnel war grauenhaft und der Fall in die Tiefe unendlich. Diese leeren Augen, diese gierigen Hände und mein entsetzliches Gefühl...all das wollte ich vergessen.

Aber die schönen und wichtigen Erinnerungen an mein Erlebnis am Lagerfeuer, habe ich leider auch gleich mit versenkt. Wahrscheinlich sollte ich auch solange nicht an all das denken, bis der Zeitpunkt kommen würde, an dem ich diese Erinnerung bräuchte. Ich brauchte diese Zeit, um an mir zu arbeiten, um mein Leben und mich in den Griff zu bekommen. Und ich glaube, weil der Zeitpunkt jetzt gekommen ist, lüftet sich der Schleier."

„Was war das mit dem alten Indianer?" wollte Janet wissen. „Ja, das war ein eigenartiges Gefühl", antwortete Steve. „Ich wusste genau, dass das mein Großvater war. Aber er ist es natürlich nicht in meinem jetzigen Dasein. Aber es war ein klares Erinnern. Ich war tief verbunden mit ihm und meinem Volk. Mein Gefühlsleben ist völlig durcheinander. Ich fühle mich mehr mit diesem Erlebnis verbunden, als mit meinem jetzigen Leben. Als wenn ich alle Zeiten durcheinander bekommen hätte. Ich muss das erst einmal sortieren. Auf der einen Seite habe ich das Gefühl meine Reise muss Wochen gedauert haben, soviel Eindrücke und Erkenntnisse habe ich gewonnen. Auf der anderen Seite habe ich das Gefühl, ich war nur einen Moment fort."

Steve sah auf seine Armbanduhr. Es waren über zwei Stunden vergangen, seit er auf seine spirituelle Reise gegangen war.

Janet lachte: „Ja, so ist das mit der Zeit! Kamen dir die beiden Kinder bekannt vor?" Steve schwieg einen Moment, so als müsste er überlegen. In Wahrheit hatte er sie sofort erkannt, er konnte es nur kaum glauben. *„Du kannst es ruhig glauben. Du bist zur richtigen Zeit am richtigen Ort und tust das richtige."* Da war sie wieder, die Stimme in ihm. Aber jetzt hatte die Stimme ein Gesicht. Es war die seines Großvaters.

Laut antwortete er: „Ja, es waren Lisa und Tom." Janet schien nicht sonderlich erstaunt zu sein und sagte: „Das ist interessant. Ihr kennt euch also auf einer anderen Ebene des Seins und habt euch geschworen füreinander da zu sein." Steve sah Janet fragend an: „Was meinst du mit einer anderen Ebene des Seins? Ich dachte, es seien Erinnerungen an ein früheres Leben."

Janet nickte: „Das eine schließt das andere nicht aus. Es ist eine Frage der Betrachtungsweise. Raum und Zeit sind Illusionen einer dreidimensionalen Welt – dieser Welt. Wir brauchen sie als Vehikel, um in dieser Ebene existieren zu können. So wie wir hier einen Körper haben, der in vielerlei Hinsicht hilfreich ist. Um hier mit einem Körper von einem Ort zum nächsten zu kommen, muss man ihn bewegen und das braucht seine Zeit.

Du bist aber nicht dein Körper, dein wahres Selbst ist Geist. Dieser Teil ist unsterblich, denn nur der Körper ist sterblich. Als Geist bist du frei von Raum und Zeit. Du weißt, wie schnell Gedanken auftauchen und wie schnell du mit deinen Gedanken woanders sein kannst, egal ob im Jetzt, der Vergangenheit oder der Zukunft. Hattest du nicht bei deinem Todeserlebnis das Gefühl, es sei real und hattest du nicht auch so etwas wie einen Körper?"

Steve überlegte und bestätigte es: „Du hast recht. Es fühlte sich an wie im Leben auch, aber ohne körperlichen Schmerz. Und meine Gefühle waren noch da. Es war irgendwie ein anderer Körper, der dortigen Welt angepasst, aber er war da. So fühlte sich auch mein Erlebnis am Lagerfeuer an. Es war für mich im Moment Realität, so als würde es jetzt stattfinden."

Janet erwiderte: „So ist es auch. Von einem gewissen Standpunkt aus betrachtet ist alles

Realität und alles geschieht jetzt. Dein Höheres Selbst kennt keine Zeit, es kennt nur das Jetzt. Es empfindet alles als Jetzt und alles ist Wahrheit.

Von unserem Standpunkt aus, lag dein Körper über zwei Stunden auf der Liege und dein Erlebnis war eine Erinnerung an vergangene Zeiten. Aus unserer dreidimensionalen Sichtweise mit Raum und Zeit ist das die Wahrheit, weil wir es so wahrnehmen. Raum und Zeit scheinen Wahrheit in unserer Welt zu sein. Aber dein feinstofflicher Körper war in der Lage, den materiellen Körper und somit auch den Raum und die Zeit zu verlassen. Das was sonst nur deine Gedanken können.

Aus Sicht deines Höheren Selbst sind Raum und Zeit nur eine Illusion und somit nicht die Wahrheit. Wahr ist nur das, was gerade geschieht, also der Moment, auf den sich deine Aufmerksamkeit richtet und was dein Bewusstsein wahrnimmt. Dein Höheres Selbst ist aber viel größer und umfasst dabei alles, was du warst, was du bist und was du jemals sein wirst. Es ist schwierig das größere Ganze zu erfassen, wenn man als kleines Etwas mittendrin steckt.

Ein zweidimensionales Wesen hätte mit unserer dreidimensionalen Welt ähnliche Probleme. Das Wesen aus der zweiten Dimension könnte unsere

Welt nicht verstehen, weil es keinen Raum kennt, es kennt nur eine Flachwelt.

Dieses menschliche Dasein ist auch nur ein kleiner Teil von etwas viel Größerem. Vergleichbar mit einer Zelle, die gleichzeitig Bestandteil eines Organs ist und dieses wiederum Bestandteil eines menschlichen Körpers. Und doch steckt in jeder kleinen Zelle die gesamte Information. Wird dir die Größe deines wahren Selbst bewusst, spricht man von Bewusstseinserweiterung. Du erkennst, dass da viel mehr ist, als diese physische Ebene und jede Bewusstseinsebene ist auf ihre Weise real und hat ihre eigenen Körper."

Steve wollte weiter wissen: „Also, wenn ich das jetzt richtig verstanden habe, dann kann mein Erlebnis am Lagerfeuer vom jetzigen Standpunkt aus ein früheres Leben gewesen sein, weil mein Verstand es in dieser Welt zeitlich so einordnet. Aber mein Höheres Selbst umfasst alle meine Existenzen, und wenn ich mein Bewusstsein erweitere, habe ich Zugang dazu. Ich nehme dann das wahr, was mein Höheres Selbst immer wahrnimmt, weil es alles was ist gleichzeitig bewusst erfassen kann.

Was ist mit meinen Gedanken und Emotionen? Ich spürte, dass diese noch da waren, sowohl bei meiner damaligen Nah-Tod-Erfahrung wie auch bei dieser Reise. Sie sind demnach nicht an meinen physischen Körper gekoppelt. Führe ich sie mit mir? Sind sie an meinen anderen feinstofflichen Körper gebunden? Oder können sie sogar selbständig neben meinem physischen Körper als eigene feinstoffliche Wesen existieren? Ist es möglich, dass ich meiner eigenen Angst oder meiner Wut begegnen kann, wenn ich träume oder auf einer spirituellen Reise bin oder wenn ich sterbe? Und kann ich auch gezielt auf sie zugreifen und in Kontakt gehen?"

„Grundsätzlich ist es so", antworte Janet. „Physische Körper gibt es in physischen Welten. Wie zum Beispiel auf der Erde. Diese Körper vergehen, wenn sie verbraucht sind, weil der Körper krank oder alt wird und schließlich stirbt. Spätestens dann verlässt du deinen physischen Körper und hast einen weiteren, feinstofflichen Körper und gehst in deine neue Existenzebene, denn in Wahrheit bist du immer existent. Du kannst nicht *nicht* sein. Das hast du ja bereits kennengelernt.

Darüber hinaus erschaffst du während deines physischen Lebens sogenannte Emotionale durch deine Gefühle und Mentale durch deine Gedanken. Diese Energien haben vorübergehend eigene feinstoffliche Körper, mit denen sie unabhängig von dir - ihrem Schöpfer - existieren können. Während du lebst, leben sie in deinem nicht sichtbaren Umfeld. Sie leben von dir als ihre Energiequelle. Du bist praktisch ihr Gott. Sie sind und leben von der Energie, aus der sie erschaffen wurden.

Du kannst durch deine Wut feuerspeiende Monster erschaffen und in die spirituelle Welt entlassen. Je größer deine Wut, desto größer das Monster. Es lebt durch dich, solange du dieses Wesen mit Energie versorgst. Aber es ist auch bedingt selbstständig lebensfähig. Da du seine Quelle bist, wird es deine Wut anheizen, damit es genügend Energie von dir bekommt. Du hast dir dadurch also einen eigenen Dämon erschaffen, der von nun an dafür sorgt, dass du ihn auch ernährst. Verlässt du endgültig deinen irdischen Körper, so kommt es darauf an, wohin du gehst. Dieses Wesen kann dir nicht überall hin folgen, da es hoch schwingende Ebenen gibt, die du zwar als Seele betreten kannst, aber seine Energieform kann es eben nicht, da sie zu niedrig schwingt. Sie ist quasi an die niedriger schwingende Erdebene gebunden.

Ohne dich und deine Energiequelle kann es eine Weile weiter existieren. Irgendwann aber löst es sich auf, es sei denn es findet eine neue Energiequelle - einen anderen Menschen - von dem es angezogen wird, um verstärkend zu wirken und um sich dann von ihm zu ernähren.

Genauso funktioniert es mit den Mentalen - dem Gedankengut. Nehmen wir einmal als Beispiel unsere Religionen. Solange es Menschen gibt, die bestimmte Religionen praktizieren, wird es Realitäten geben, in denen es Tempel oder Gotteshäuser gibt, die dieser Religion entsprechen. In dieser und in jener Welt. Es wird also eine Realitätsebene geben, in der sich die Menschen auch nach ihrem physischen Tod treffen, weil sie Gleichgesinnte suchen. Aber diese Realitäten bleiben nur bestehen, solange es noch Gedanken gibt, die diese aufrechterhalten. Werden diese Gebiete verlassen und entzieht man ihnen vollständig die Aufmerksamkeit auf der irdischen Ebene, dann lösen sie sich ebenfalls auf."

„Oje", entfuhr es Steve. „Ich fürchte ich habe in meinem Leben schon viele dunkle Energien erschaffen und wer weiß was für Monster. Also hat alles irgendwie Bestand, solange Gedanken und Emotionen - von wem auch immer - alles am Leben erhalten. Demnach gibt es so viele Realitäten wie es Möglichkeiten gibt. Ich sollte also aufpassen, was ich denke und fühle, weil ich dadurch unmittelbar Realitäten erschaffe.

Wenn ich also hier ihre Energiequelle bin, kann ich sie auch von hier aus beeinflussen. Geht das denn auch umgekehrt? Ich meine, kann ich denn nicht einfach in die spirituelle Ebene reisen und das Ungeheuer, das ich nun einmal erschaffen habe, dort erledigen? Dann müsste ich es doch wieder los sein und meine Wut hier auch , weil sich die Realitäten ja schließlich gegenseitig bedingen."

Janet nickte: „All diese Welten, die man betreten kann, bedingen einander, das ist richtig. Denn sie bestehen alle im Jetzt. Was man dort erlebt oder sogar verändert, hat immer auch Auswirkung auf deine jetzige Realität. Theoretisch kannst du entweder das Ungeheuer dort vernichten oder du bist hier nicht mehr wütend, dadurch entziehst du ihm seine Energie.

Praktisch ist beides sehr schwierig. Zum einen wirst du nie alle von Menschen erschaffene Monster vernichten können. Und es gibt wirklich sehr bösartige Wesenheiten, denen man lieber aus dem Weg gehen sollte. Außerdem gesellen sich zu deinen eigenen auch noch andere hinzu. Über Kriegsgebieten zum Beispiel findest du große Ansammlungen von ihnen, die außer Kontrolle geraten sind. Sie aufzulösen ist fast unmöglich und es bedarf einer sehr großen Macht, um ihnen Einhalt zu gebieten.

Und die andere Lösung, nämlich einfach nicht mehr wütend zu sein, ist auch etwas, was nur schwer möglich ist. Es wird immer etwas geben, was dich wütend machen kann.

Ich kann dir nur den Rat geben, zu akzeptieren, dass du auch wütend sein darfst. Auch negative Emotionen gehören zum Menschsein dazu. Aber steigere dich nicht hinein, sie dürfen dich nicht beherrschen und dein Handeln bestimmen. Du musst lernen, diese und ähnliche Kräfte zu lenken oder umzuleiten, so dass sie dich und andere nicht verletzen. Lerne mit deinen Emotionen umzugehen, lerne den Drachen zu reiten, statt ihn zu bekämpfen. Grundsätzlich sind diese, auf der spirituellen Ebene von dir erschaffenen Wesen, nicht deine Feinde; ihr seid Verbündete. Sie wollen verstanden werden und sie erfüllen einen sinnvollen Zweck, denn sie zeigen dir deine seelischen Verletzungen - sie zeigen dir, was in dir geheilt werden muss.

Frage dich, was es ist, was dich angreifbar macht, was dich beherrscht? Warum hat ein Mensch oder eine Situation Macht über dein Gefühlsleben. Warum lässt du es zu, dass ein anderer dich so manipulieren kann, dass du Monster erschaffst? Warum gibst du anderen Macht über deine Realität? Das sind die Fragen, die du dir stellen solltest. Wenn du deine innere Welt heilst, heilst du automatisch die äußere Welt."

Thorsten hatte eine Weile schweigend zugehört, jetzt meldete er sich zu Wort: „Janet, du hast gesagt, die Welten bedingen einander und was man dort verändert, hat Auswirkungen auf diese Welt. Wie weit gehen jetzt aber diese Auswirkungen? Ich versuche einmal anhand eines Beispiels zu erklären, was ich meine. Nehmen wir einmal an, ich hätte hier ein Zimmer mit gelben Wänden. Ich begebe mich also jetzt auf eine solche spirituelle Reise und habe entsprechend auch dort so ein Zimmer wie hier. Dort streiche ich nun das Zimmer grün. Und wenn ich dann wieder hier in meine Realität zurückkehre ist mein Zimmer grün?"

Alle drei mussten bei dieser Vorstellung herzlich lachen und Janet schüttelte den Kopf: „Das wäre praktisch, so einfach ist das natürlich nicht. Aber ich weiß, was du meinst. Du hast dann tatsächlich auf einer anderen Ebene des Seins ein grünes Zimmer erschaffen. In dieser Ebene der Existenz ist es aber immer noch gelb, denn du hast es hier noch nicht durch eine Handlung manifestiert, weil das in dieser Welt notwendig ist. In anderen Welten reicht der Gedanke, um etwas zu erschaffen. Aber..."

Janet machte eine Pause und blickte zu Steve. Steve nickte und beendete ihren Satz: „...aber meine

Gefühle und meine Einstellungen können sich massiv verändert haben. Es könnte sein, dass mir mein gelbes Zimmer nicht mehr gefällt und dann streiche ich es tatsächlich grün."

„Gut, das habe ich verstanden", sagte Thorsten und zu Steve gewandt fragte er „Du hattest dich sehr verändert nach deinem Koma. Kannst du das näher erklären? Und hat sich jetzt wieder etwas geändert?"

Steve antwortete: „Ich fühlte damals plötzlich anders. Mein bisheriges Leben war nicht mehr in Resonanz mit mir, ich war mir fremd geworden. Ich glaube, ich habe intuitiv all das verstanden, von dem wir gerade gesprochen haben. Ich ließ alles los, was nicht hilfreich für mein Leben war. Ich bekam meine Wut und das Gefühl von Leere in den Griff. Ich meditierte und lernte mit mir allein zu sein. Dadurch, dass sich meine Emotionen und meine Gedanken veränderten, änderte sich mein Umfeld und mein Leben, denn ich zog andere Dinge in mein Leben.

Ich bin dabei immer der Kämpfer geblieben, der ein Teil von mir ist, den ich auch nicht verleugnen kann. Aber es waren in den letzten Jahren überwiegend innere Kämpfe, die ich zu bestreiten hatte. Dazu gehörte, meine Gedanken zu kontrollieren, meine Meinungen zu überdenken und die Bereitschaft meine Meinungen zu ändern oder aber an der richtigen Stelle zu vertreten. Alles ist in Bewegung. Janet hat vollkommen recht, wenn sie von inneren Dämonen spricht. Mit ihnen klar zu kommen ist eine sehr schwierige, aber auch die wichtigste Aufgabe, wenn man wachsen und heil sein will. Ich habe das instinktiv getan.

Etwas in mir erkannte damals, dass ich aufhören musste gegen etwas zu kämpfen. Wenn ich gegen Hass, Gewalt, Neid und Missgunst kämpfe, erschaffe ich es, denn meine Aufmerksamkeit gibt ihnen Bestand. Mein Leben hat sich damals geändert, weil ich nicht mehr gegen etwas gekämpft habe, sondern für etwas. Für Mut, Kraft, Liebe und Vertrauen. Ich muss mich auf das konzentrieren, was ich erreichen will, nicht auf das, was ich nicht will.

Ich denke, ich kann das, was mir damals begegnet ist, jetzt erklären - so wie man einen Traum deutet. Die Seele spricht in Bildern und die Bilder stimmten mit meinen damaligen Emotionen überein. Die Blitze zeigten mir meine Wut, die leeren Augen waren ein Hinweis für meine eigene Leere. Der Schlamm war ein Symbol für meine Schuldgefühle, die Spinnen für meine Angst. Die Hände könnten ein Hinweis dafür sein, Hilfe anzunehmen oder Hilfestellung zu leisten.

Damals habe ich diese Erfahrungen nur vergessen wollen, aber tief in mir begann eine Veränderung. Und so ließ ich meine innere Stimme zu - sie leitete mich, und ich ließ los, was mich behinderte. Das Erlebnis am Lagerfeuer hat in mir etwas bewegt und die Sicht der Dinge verändert. Mag sein, dass es erst jetzt eine Bedeutung hat, aber mein Leben musste sich wahrscheinlich erst in diese Richtung entwickeln, damit ich wirklich zur richtigen Zeit am richtigen Ort sein und das Richtige tun kann. Alles war eine Vorbereitung auf meine Aufgabe, die ich mir vor langer Zeit gestellt habe."

„Welche Aufgabe meinst du?" fragte Torsten. „Der Liebe zu folgen", antwortete Steve. „Ich weiß jetzt, dass ich nicht nur Lisa versprochen habe zu helfen, sondern auch Tom."

„Moment mal", widersprach Thorsten, „Tom ist tot, dachte ich. Wie kannst du ihm dann helfen?" Steve antwortete: „Ich denke, es spielt keine Rolle, ob jemand tot ist oder nicht. Wir sind immer. Der Tod ist eine Glaubensvorstellung und nicht wahr. Am Lagerfeuer haben wir uns geschworen, uns gegenseitig zu helfen, über den Tod und über das Leben hinaus. Ich kann mich jetzt, dank meiner spirituellen Reise, wieder an alles erinnern. Wir sind eine Seelenfamilie und wenn einer scheitert, scheitern wir alle. Wir arbeiten am selben Plan. Und es spielt keine Rolle wo man lernt, es wirkt immer in alle Richtungen der Zeit.

Tom hat getan was nötig war, damit Lisa ihren Weg gehen konnte. Er musste besitzergreifend sein, damit Lisa erwachen und sich daraus befreien konnte. Tom handelte aus Liebe, weil er sich bereiterklärte, eine so undankbare Aufgabe zu übernehmen. Tom hat nur getan, was nötig war, damit Lisa lernte Entscheidungen nach ihrem Willen zu treffen. Es ist richtig, dass Tom über das Ziel hinausgeschossen ist, denn er wollte auch lernen loszulassen, aber das hat ja nicht so richtig geklappt.

Wir alle haben uns ein wenig im Strudel der Emotionen verloren und dabei unsere Ziele aus den Augen verloren. Ich fühle, dass auch Tom sich nur verlaufen hat, es aber noch nicht zu spät ist, etwas zu verändern. Ich weiß nur noch nicht wie. Selbst wenn ich es schaffen sollte mein geistiges Selbst auf die spirituelle Ebene zu bringen, so wird mein größtes Problem sein, die beiden überhaupt zu finden.

Wie soll ich sie finden in dem unendlichen Meer von Möglichkeiten, die sie sich erschaffen haben könnten? Und wie kann ich die verschiedenen Welten auseinanderhalten? Wie kann ich erkennen, was was ist? Wie kann ich erkennen, ob mir eines meiner anderen Leben begegnet oder nur eine Idee, ein Gedanke, eine Emotion oder meine Fantasiewelt aus Träumen und Wünschen. Schließlich muss ich meinen Irrgarten zunächst erst einmal durchqueren, bevor ich mich auf die Suche machen kann.

Janet, du scheinst viel Erfahrung zu haben. Willst du uns erzählen, woher du deine Erkenntnisse hast, und kannst du mir einen Rat geben?" Steve sah Janet erwartungsvoll an.

Sie schwieg eine Weile und schien zu überlegen, ob sie mehr von sich erzählen sollte. Schließlich antwortete sie: „ Es ist nicht einfach für mich, darüber zu reden. Als Kind glaubte ich lange Zeit, alle könnten das sehen, was ich sah. Irgendwann erkannte ich, dass das nicht so war. Ich erzählte lieber nichts mehr und erklärte später allen, ich sei intuitiv und hochsensibel. Das zu verstehen, war für die meisten schon schwierig genug.

Aber du hast recht, Steve. Es geht weit darüber hinaus. Viele Kinder erinnern sich an vorherige Leben, doch diese Erinnerung verblasst schnell. Meistens dürfen die Kinder nicht darüber reden oder man sagt ihnen, sie hätten zu viel Fantasie. Meine Eltern waren anders; sie glaubten, ich hätte eine Gabe. Ich sollte zwar auch mit anderen nicht darüber reden, aber mit ihnen durfte ich es. Sie erklärten mir, dass man mich eines Tages vielleicht verstehen würde, doch die Zeit sei noch nicht gekommen. Inzwischen hat sich tatsächlich sehr viel verändert und ich bin nicht mehr die Einzige.

Auch ich erinnerte mich als Kind an eine Welt vor diesem Leben, und ich habe sie bis heute nicht vergessen. Ich komme aus einer Ebene, die einfach nur wunderschön ist, aber ich weiß um die Dinge, die du beschrieben hast.

Ich kann nicht nur seit meiner Kindheit die farbliche Aura von Menschen und Tieren sehen, ich sehe auch Töne und höre Farben. Ich nehme auf eine besondere Art und Weise Schwingungen wahr.

Es ist fantastisch, wenn man bei einem sanften Musikstück sieht, wie die Töne Formen und Lichter in Pastellfarben erzeugen und durch den Raum tanzen. Oder wenn zwitschernde Vögel bunte Leuchtkugeln in den Himmel schicken. Es ist aber auch schrecklich zu sehen, wenn das Lebenslicht von Lebewesen langsam erlischt oder Zorn Blitze erschafft, die auf andere niederprasseln. Ich sehe das alles. Auch die Ungeheuer über Krisengebieten. Manchmal ist es nicht leicht, das zu ertragen. Man fühlt sich hilflos und machtlos. Aber da Gedanken an Liebe und Freude ein buntes Feuerwerk an Blumen in die Welt schicken, hoffe ich damit die

Wogen zu glätten. Mehr vermag ich nicht zu tun. Denn es ist die Aufgabe eines jeden Einzelnen seine Gedanken und Emotionen in Richtung Licht zu verändern. Wir haben einen freien Willen.

Und nun zu deinen Fragen, Steve. Du betrittst natürlich zunächst dein spirituelles Feld mit all deinen Emotionen und Erfahrungen. Auch wenn du die letzten Jahre sehr an dir gearbeitet hast, könnte es dich immer noch behindern. Es könnte dich irreführen und ablenken.

Ich gebe dir den Rat, dich von deiner Intuition und deiner inneren Stimme leiten zu lassen. Lasse das beiseite, was für deine spezielle Suche unwichtig ist, konzentriere dich auf das Wesentliche und richte dich nur auf dein Ziel aus.

Wenn etwas auf deinem Weg wichtig für die Aufgabe ist, die du dir vorgenommen hast, dann wirst du es fühlen. Du wirst stark darauf reagieren, weil es eine Bedeutung für dich hat. Im Leben ist es nicht anders.

Wenn du dich auf deine Suche konzentrierst, wirst du das anziehen, was dafür relevant ist. Du wirst nur in Resonanz zu den Situationen gehen, die notwendig sind, um dein Ziel zu erreichen. Du wirst dann keinen Zweifel haben und absolut sicher sein. Alles was du brauchst, ist bereits in dir.

In diesen anderen Welten werden dir unter Umständen merkwürdige Dinge begegnen, auch Absurditäten, wie eben auch in den Träumen. Aber manche Bilder haben eine Bedeutung für dich. Du weißt es einfach. So wie du intuitiv wusstest, dass Lisa irgendwo da draußen war und deine Hilfe brauchte. Du hättest es auch als unsinnigen Traum abtun können, aber es hat in dir etwas bewegt und dich nicht mehr losgelassen.

Zweifel nicht an dir und deinem Ziel. Dann kannst du durch dein spirituelles Feld gehen, ohne dass dich etwas aufhalten kann. Und du wirst auch die Realität finden, die du suchst, um deine Aufgabe zu erfüllen. Dir ist deine Erinnerung am Lagerfeuer auch zur richtigen Zeit begegnet. Verlasse dich darauf, dass alles bei dir ist, wenn du es brauchst.

Ich denke bei Lisa gibt es ihren Lebensfaden, der noch nicht gerissen ist. Er muss irgendwie noch mit ihr verbunden sein. Vielleicht kannst du ihm folgen. Aber bei Tom? Vielleicht findest du Tom bei Lisa. Wenn er noch nicht gelernt hat loszulassen, dann wird er da sein wo Lisa ist."

„Stimmt", bestätigte Steve. „Ich denke das ist ein guter Ansatzpunkt. Und wie finde ich Lisas Lebensfaden?"

„Also, wenn ich euch richtig verstanden habe, dann muss dieser Lebensfaden doch noch mit Lisas irdischem Körper verbunden sein, jedenfalls solange sie noch lebt. Und dem muss man doch nur folgen", schlug Thorsten vor. „Ich weiß zwar nicht, wie du das nun tatsächlich anstellen willst, Steve, aber im Krankenzimmer müsste doch dann das Ende des Fadens sein. Das könnte eine interessante Reise für dich werden!"

Steve nickte: „Allerdings! Ich würde es sehr begrüßen, wenn ihr mir dabei helfen könntet."

„Aber natürlich lassen wir dich das nicht allein machen", Janet griff nach Steves Hand. „Ich habe viel gelernt bei einigen Schamanen und werde versuchen, dir so gut es geht in der Anderswelt zu helfen. Und Thorsten hält den Kontakt zu dieser Realität. Ich hoffe nur, dass Tom dich nicht angreift. Die Geschehnisse und Träume haben dir gezeigt, dass er nicht sehr freundlich ist."

Steve schüttelte den Kopf: „Ich weigere mich zu glauben, dass er mir ernsthaft schaden kann oder will."

„Jedenfalls solltest du es dir noch einmal ganz genau überlegen", sagte Janet, „vielleicht haben wir alle kein Recht uns da einzumischen."

„Mag sein", Steve hatte auch noch so seine Zweifel. „Wenn wir wirklich eine Seelenfamilie sind und bei Tom weiß ich das genau, dann werde ich einen Weg finden. Und ich werde fühlen, was richtig und was falsch ist. Janet, du hattest doch auch Kontakt zu Lisa über einen Traum. Kann es sein, dass du Lisa kennst - oder irgendwann einmal gekannt hast oder so etwas in der Art?"

Steve sah Janet fragend an und sie antwortete: „ Ich kann mich nicht wirklich erinnern, aber tief in mir fühle ich, dass sie auch einmal meine Seele berührt hat. Es ist wahrscheinlich, dass wir uns kennen. Allerdings nicht aus diesem Leben. Vielleicht gehören wir alle, die wir uns begegnen, zu einer größeren Seelenfamilie und treffen uns immer wieder. Vielleicht gehen wir in Resonanz zueinander, weil wir dieselbe Schwingung haben oder ähnliche Aufgaben. Wer weiß?"

„Vielleicht müssen die beiden sich nur erinnern, so wie auch ich mich erinnert habe", überlegte Steve laut, dann fragte er:„ Was meint ihr, was die Schlangen auf unseren Handgelenken bedeuten sollten? Ob das ein Erkennungsmerkmal ist?"

„Die Schlange! Natürlich!" Janet hatte eine Idee. „Die Schlange ist zweimal in deiner Rückführung aufgetaucht. An der Tür und bei euch dreien als Zeichen. Sie muss eine Bedeutung haben.

Aus schamanischer Sicht ist die Schlange ein Krafttier, das dich auffordert, die Macht in dir anzunehmen und nicht wegzulaufen. Sie verweist auf deine innere Kraft und dein Selbstvertrauen. Vielleicht gehört ihr alle dem Schlangen-Clan an und trugt deshalb dieses Zeichen. Und das verbindet euch in alle Richtungen der Zeit. Als Krafttier kann sie dich durch die Anderswelt führen. Allerdings solltest du vorsichtig sein, Steve, denn ihr Gift kann heilen aber auch töten.

Wenn sie dir begegnet - in dieser oder jener Welt - schau genau hin, ob sie dich warnen will oder führen. Manchmal will sie dich auch vor dir selbst beschützen und auch das tut sie erbarmungslos. Triff mit ihr eine Abmachung, dass sie dir klare Zeichen geben soll. Das setzt voraus, dass auch du klare Absichten hast. Bereite dich mental gut auf dieses Experiment vor."

Steve dachte einen Augenblick nach. Der Gedanke an die Schlange gefiel ihm. Sie hatte in seiner Rückführung nur seinen Willen ausgeführt. Ihm war noch nie eine Schlange auf seinen Wanderungen begegnet, somit hatte er auch keine schlechten Erfahrungen mit ihnen gemacht. Er fühlte sich auf eigenartige Weise mit der Schlangenkraft verbunden und er empfand Achtung vor ihr. Er fühlte keine Angst, nur absolutes

Vertrauen. Steve schloss für einen Moment die Augen und stellte sich die Schlange aus seiner Rückführung vor. Er konnte sie deutlich vor seinem geistigen Auge sehen. Gedanklich gab er ihr die Anweisung, sich ihm dann zu zeigen, wenn sein Weg richtig war. Aber sie sollte sich ihm erkennbar in den Weg stellen, wenn er falsch lag. Dann fühlte er tief in sich hinein. Ein neues, für ihn bisher unbekanntes Gefühl war in ihm. Es dauerte nur den Bruchteil einer Sekunde und es fühlte sich an, als öffnete er sich und verband sich mit dem Universum. Dann war es auch schon wieder vorbei, aber es blieb die Überzeugung, dass die Schlangenkraft ihn verstanden hätte und er seiner Intuition blind vertrauen dürfe.

***

Der alte Indianer führte Lisa in einen Raum innerhalb der Höhle. An den Höhlenwänden glitzerten Edelsteine in allen Farben. Da waren Smaragde, Saphire, Aquamarine, Rubine und viele mehr. Ein Farbenspiel von unglaublicher Schönheit verwandelte die Höhle in ein Lichtermeer. Die Höhle hatte absolut nichts bedrohliches. Alles war friedlich und still. Ein Teil der Wände schien aus klarem Bergkristall zu bestehen, aber man konnte nicht hindurchsehen.

Der Alte sah Lisa an und sagte zu ihr: „Du hast dich entschieden zurück ins Leben zu gehen. Es ist gut, dass du eine Entscheidung getroffen hast. Wenn du sie aus Liebe und nicht aus Angst triffst, folgst du immer dem Weg der Liebe.

Deine Aufgabe ist es nun, aus den vielen Möglichkeiten, die du erschaffen hast zu wählen. Du bist Eine und doch Viele. Alle Möglichkeiten liegen vor dir. Gehe zu dem Zeitpunkt durch die Kristallwand, wenn die Bilder erscheinen, die du für dein verlassenes Leben hältst. Du kannst durch die Kristallwand gehen wie durch eine Tür. Verschiedene Szenen werden sich in regelmäßigen Abständen wiederholen. Sieh dir alles in Ruhe an. Dein Lebensfaden ist stabil, solange dein Wille vorhanden ist, zurück zu gehen. Manche Menschen brauchen Jahre für diese Entscheidung. Denn das, was du hier erfahren kannst, kann aufregend und spannend sein.

Ich kann dir noch deine Fragen beantworten, aber dann lasse ich dich hier allein. Dann kann ich dir nicht mehr helfen. Wenn du es dir anders überlegen solltest, kannst du jederzeit die Höhle wieder verlassen. Aber zum Leben geht es nur durch die Kristallwand. "

Lisa sah den Indianer fragend an: „Was meinst du mit, `du bist Eine und doch Viele´? "

„Deine Seele ist wie ein zerbrochener Spiegel, dessen Scherben in alle Ebenen des Seins verteilt sind. Zu irgendeinem Zeitpunkt hat deine Seele entschieden, sich zu teilen und in vielen kleinen Lichtern auszuschwärmen, um Erfahrungen zu sammeln. Alle Seelen machen das so.

Jedes Licht folgt einem Weg, jeder Weg hat ein anderes Ziel. Auch wenn du in Zeitabschnitten wie Vergangenheit, Gegenwart und Zukunft denkst, geschieht von einer gewissen Warte aus alles gleichzeitig, und so bist du Eine und auch Viele. So wie du dich in einem heilen Spiegel sehen kannst, kannst du dich auch in jeder einzelnen Spiegelscherbe sehen. Durch deinen Wunsch, alle Erfahrungen zu machen, die man machen kann, bewegst du dich in alle Richtungen durch Raum und Zeit und auch der Zeitlosigkeit.

Jedes Teilchen von dir hat ein eigenes Bewusstsein, einen eigenen freien Willen und eine Existenz - irgendwo. Eines Tages, wenn deine Seele alles erfahren hat, wird jeder Funke Licht von dir zu seinem Ursprung zurückkehren und du wirst wieder ganz sein. Nur wenn du alle Erfahrungen gemacht hast, kannst du dich wirklich frei entscheiden, denn dann kennst du alle Geheimnisse des Lebens, und alles ist aus der Dunkelheit ans Licht gekommen. Und das macht frei.

Wenn du wieder ganz bist, kehrst du zu dem Großen Geist zurück, dessen Licht und Liebe alles durchdringt und in allem ist.

Wenn du von einer anderen Perspektive auf dein wahres Selbst schaust, dann kannst du wie auf einer Landkarte sehen, wie deine vielen kleinen Lichter alle möglichen Wege ausprobieren. Der eine Weg führt zu Vertrauen, ein anderer zu Güte und wieder ein anderer zu Großzügigkeit. Auf all diesen Wegen gibt es Hindernisse, Aufgaben und Herausforderungen. Aber es gibt auch Hilfe von deinen Ahnen, Engeln und anderen Wesenheiten.

Manche Lichter scheitern und gehen den Weg noch einmal von vorn. Manche Lichter kommen schneller ans Ziel als geplant oder sie wechseln aus unterscheidlichen Gründen den Weg. Alles ist möglich.

Du bist eines dieser Lichter, abgespalten vom großen Ganzen, und hast dir das Leben auf der Erde ausgesucht, das du gerade verlassen hast. Du hast somit einer speziellen Aufgabe die Aufmerksamkeit entzogen. Es ist dein gutes Recht das zu tun. Es ist deine Entscheidung. Du kannst den Weg abbrechen und es vielleicht später noch einmal versuchen. Oder du springst zurück und gehst ihn weiter. Noch hast du die Wahl dazu.

Du wärest nicht bei mir und in dieser Höhle, wenn du dich wirklich schon eindeutig entschieden hättest. Du hast für den Moment entschieden zurückzugehen, aber wenn das wirklich dein tiefster Wunsch wäre, wärst du schon wieder zurück. Etwas blockiert dich, du hast noch nicht endgültig gewählt. Du schwebst zwischen den Welten. Du würdest sagen, du bist nicht tot, aber auch nicht lebendig. Ich sehe, dass es dir wie anderen geht, die vor dir hier waren. Etwas in dir möchte wissen, warum du gerade diesen Weg gehen willst. Etwas in dir möchte das große Ganze verstehen und Licht ins Dunkel bringen. Irgendetwas hat dich hierher geführt, damit du diese Erfahrung machen kannst."

Lisa kam das alles sehr bekannt vor. Sie wusste einfach, dass das die Wahrheit und sie ein Teil von etwas Größerem war. Und sie wusste auch, dass ein noch viel größerer Plan dahinter steckte.

Sie war ein wichtiger Teil dieses großen Planes. Sie wusste, es ging nicht nur um ihr kleines irdisches Leben, es ging um viel mehr. Sie fühlte, dass viele Seelen auf sie sahen und sie eine große Aufgabe hatte. Sie musste sich nur erinnern.

„Bitte erzähle mir alles, was ich wissen sollte. Auch wenn ich es im Moment nicht alles verstehe, so glaube ich doch, dass ich hier am richtigen Ort

bin und dass es wichtig ist." Lisa sah den Indianer erwartungsvoll an.

„So sei es", fuhr der Indianer fort. „Die Höhle zeigt dir alle erdenklichen Möglichkeiten und Alternativen. Denn auch diese haben in bestimmten spirituellen Ebenen Bestand. Ich darf dir den Hinweis geben, dass dein jetziges Bewusstsein auf den Planeten Erde in der dritten Dimension gerichtet ist, in der es Raum und Zeit noch gibt. Die irdischen Erfahrungen, die du dort machst, haben Konsequenzen, auch in die anderen Dimensionen hinein. Dort werden Veränderungen in Gang gesetzt, die notwendig sind. Nur wenn die Wurzel eines Baumes stark ist, wird auch der ganze Baum stark sein und kann den Elementen trotzen. Wenn die Wurzeln verfaulen, fällt der Baum. Wer die dritte Dimension nicht beherrscht, kann nicht weitergehen. Es geht einfach nicht.

Die dritte Dimension besteht aus Licht und Schatten, Angst und Liebe, Tag und Nacht, Anfang und Ende. Unendlich viele Möglichkeiten und Wege, um sich zu verirren. Dort muss man lernen, sich zu entscheiden. Damit eine Seele wieder ganz werden kann, muss sie diese Erfahrungen machen.

Diese Dimension ist sehr schwer zu beherrschen. Der Planet Erde ist ein gefährlicher Ort; er ist wie ein Teenager, unberechenbar und *wild. Viele Wesenheiten hängen hier fest, weil sie immer wieder scheitern. Sie werden hin-und hergerissen zwischen Weglaufen und Stehenbleiben, zwischen Lieben und Hassen, zwischen himmelhochjauchzend und zu Tode betrübt. Sie können nicht loslassen und klammern sich an ihre Ängste, ihre Schuld, ihre Rachegelüste und ihren Kampf zwischen Gut und Böse.*

Sie glauben nicht daran, dass sie nur die Entscheidung für Licht und Liebe zu treffen bräuchten und der Kreislauf wäre beendet. Es ist nun einmal der Wunsch jeder Seele, nach den vielen Erfahrungen wieder ganz zu sein, und seine vielen ausgesandten kleinen Lichter zurückzuholen, um dann endlich wieder hell erstrahlen zu können.

Die dritte Dimension ist tückisch. Sie ist abschreckend und verlockend zugleich. Auch ein Teil deines Lichts hängt dort fest. Du brauchst aber alle Lichtanteile, wenn du wieder zu dem werden willst, der du in Wahrheit bist. Denn nur dann bist du hell und stark genug, um wie eine Sonne die Dunkelheit zu erhellen. Finde heraus, was dich dort scheitern lässt und löse dein Problem."

Lisa fragte: „Was passiert, wenn ich mein Leben nicht erkenne und in ein falsches Leben springe?"

Der Alte antwortete: "Du siehst hier nur die Gesamtheit deiner eigenen Seele. Da du viele bist, sind es alles Seelenanteile von dir. In dieser Höhle geht es nur um dich. Du wirst das spezielle Leben erkennen, wenn es soweit ist. Da bin ich sicher. Allerdings hast du aufgrund deines freien Willens auch die Wahl, bewusst in eine deiner anderen Existenzen zu springen. Ich würde es dir aber nicht empfehlen, es ist kompliziert und du hättest das Gefühl im falschen Leben zu sein, was ja auch so wäre. Lass es lieber."

"Was wäre, wenn ich mich nicht entscheiden könnte, wenn ich unschlüssig hier in der Höhle sitzenbliebe?" wollte Lisa weiter wissen.

"Auch ein Nichthandeln hat Konsequenzen. Und die musst du dann tragen. Die Konsequenz in diesem Fall wäre, dass du deiner irdischen Existenz die Aufmerksamkeit entziehen und dadurch deinem Körper die Lebenskraft nehmen würdest. Denn die Lebenskraft ist an deine Bewusstheit gekoppelt und die ist derzeit hier. Auch wenn der Lebensfaden noch nicht gerissen ist, wird dein physisches Gehirn mit der Zeit seine Fähigkeiten verlieren, den Körper zu kontrollieren. Außerdem wird es die Erinnerungen verlieren an alles, was deine spezielle Existenz ausgemacht hat. Das Gehirn ist an den Körper gebunden und ist *nur ein Datenträger. Deine Bewusstheit aber ist eins mit der Quelle allen Seins. Sie existiert ewig und ist nicht von einem physischen Körper abhängig, denn sie ist Teil deiner Seele. Sie hat Zugang zu allen Informationen, die sie auf das Gehirn überträgt. Je länger du wartest, um so schwieriger wird es, dein altes Leben wieder in der von dir gewohnten Weise aufzunehmen. Du müsstest viele Dinge erst wieder erlernen, die du vorher beherrscht hast. Auch dein Körper wäre verkümmert.*

Die eigentliche Gefahr besteht - das will ich dir nicht verheimlichen - für deinen zurückgelassenen Körper auf der Erde. Wenn ein Körper zu lange verlassen wird, weil die Seele auf Reisen ist, kann es passieren, dass Abtrünnige diesen Körper besetzen. Das ist natürlich nicht erlaubt. Ich gebe aber zu, dass das schon mal passieren kann und dann wäre es problematisch, wenn du in deinen Körper zurück wolltest, da fremde Wesen dir den Platz streitig machen könnten.

Schau dir an, wer du in Wahrheit bist und entscheide dich. Wenn du nicht zurück willst, dann komm wieder zu mir nach draußen. Dein Lebensfaden wird dann zerschnitten. "

„Was geschieht, wenn mein Lebensfaden zerschnitten wird? wollte Lisa wissen.

„Wenn dein Lebensfaden reißt, stirbt dein irdischer Körper", antwortete der Indianer.

Lisa wollte noch mehr wissen: „Wenn ich also zu lange warte, werden meine Daten gelöscht und ich finde mich nicht mehr zurecht. Gut, das habe ich verstanden. Was ich aber nicht verstehe ist, warum es mir so schwer gemacht wird, in meinen Körper zurückzugehen, obwohl ich mich dazu entschlossen habe."

Der Indianer schüttelte den Kopf und antwortete: „Es wird dir nicht schwer gemacht. Du machst es dir selbst schwer, weil du nicht überzeugt bist von deiner Entscheidung. Du möchtest an die Hand genommen werden und jemand soll sagen, alles sei wieder gut. Du möchtest aus diesem Alptraum erwachen und alles soll wieder so sein wie es einmal war. So geht es aber nicht. Du warst bereit, dein Leben zu verlassen und hast entsprechend gehandelt. Und deshalb musst du auch hier für deine Rückkehr bereit sein und entsprechend handeln. Hier handelt niemand für dich."

Mit diesen Worten verließ der Alte die Höhle.

***

26.Juli

Steve erwachte von dem Gesang der Vögel am frühen Morgen. Nachdem er geduscht hatte, trank er in seinem Garten einen Kaffee und lauschte dem Klang der Natur. Durch den Regenschauer kurz vor dem Sonnenaufgang roch die Luft frisch, und die nahen Tannen gaben einen würzigen Duft ab. Die Vögel begrüßten zwitschernd den Tag, und es schien als freuten sie sich über das feuchte Blattwerk der Bäume. Das Gras sah grüner und saftiger aus als am Vortag, und Steve konnte einige Rehe in der Ferne ausmachen. Er genoss den Augenblick des Friedens und fühlte sich eins mit allem.

Doch dann unterbrachen seine Gedanken diese friedliche Stille wieder und ließen seinen Geist unruhig werden. Ein Hauch von Angst kroch in ihm hoch. An diesem Abend wollte er den Versuch machen, Lisa und Tom zu finden. Was, wenn er sich selbst verlor in der anderen Welt? Er glaubte, viele seiner Emotionen kontrollieren zu können. Aber Wut, Angst und Schuld waren klebrige Substanzen, die sich nicht so einfach abschütteln ließen. In welcher Form würden sie ihm diesmal in seiner spirituellen Welt begegnen?

„Hab keine Angst, ich bin bei dir! Folge der Schlange, sie weiß den Weg." Die ihm vertraute

Stimme tauchte in Steves Kopf auf. Steve war nicht allein. Niemals! Was auch immer er auf der anderen Ebene des Seins mit seinen Gedanken und Emotionen erschaffen hatte, er konnte es in Licht verwandeln und heilen. Es gab keine Strafe, kein Bedauern und keine falschen Lösungen. Alles war gut und gehörte zum großen Plan Erfahrungen zu sammeln. Steve fühlte sich erleichtert durch diese Erkenntnis.

Aber da waren noch andere Fragen, die ihn beunruhigten. `Was, wenn ich versage und Lisa und Tom nicht helfen kann? Habe ich meine Aufgabe, der Liebe statt der Angst zu folgen, schon erfüllt, weil ich mein Leben geändert habe? Was passiert, wenn ich meine Aufgaben erfüllt habe?´

Die Antwort folgte unmittelbar, nachdem Steve seine Fragen im Geiste formuliert hatte: „Auch das ist deine Entscheidung. Dein Wille geschehe. Weißt du überhaupt wie viele Facetten die Liebe hat? Hast du wirklich schon alle erfahren?"

Steve dachte lange über die Fragen seines Großvaters nach. Die Liebe umfasste alles, was Steve als schön und wundervoll empfand. Glück, Vertrauen, Frieden, Freude, Großmut, Kraft und vieles mehr, gehörten für ihn dazu. Es gab so viel zu erfahren und es gab noch viele Wege zu erkunden. Fantastische Wege!

Es war ein wundervoller Morgen und es würde ein heißer Tag werden. Steve entschloss sich schwimmen zu gehen. Er zog seine Badehose unter und holte sein Fahrrad aus dem Schuppen. Als er das Naturschutzgebiet erreichte, schob er das Rad und ging ein Stück zu Fuß. Er liebte diese Gegend mit all den kleinen und großen Gewässern und den unzähligen Vogelarten, die in dieser Idylle lebten. Steve hörte die Möwen und Austernfischer schreien, die das Meer ankündigten. Die Gerüche und Geräusche an diesem Ort waren Balsam für seine Seele. Er liebte die Natur und insbesondere die Nordsee, die sich immer wieder erneuerte durch den ständigen Wechsel von Ebbe und Flut. Das Meer konnte so sanft und friedvoll sein und doch wurde es bei Sturm wild und unberechenbar. Für Steve verkörperte es den ewigen Kreislauf des Lebens.

Steve freute sich über den leichten Wind, der diesen Tag so erträglich machte. Das war es, was er für Glück hielt. Was für ein Glück hatte er, hier zu leben und diese Erfahrung machen zu dürfen. Steve empfand in diesem Moment tiefe Dankbarkeit für die Schöpfung, für die Schönheit der Natur, für die Harmonie in allem. All das war aus der Liebe geboren. Vielleicht war all das Gott, der in allem wohnte.

Steve erreichte schließlich den Deich und stieg die Stufen nach oben. Es war menschenleer und er hatte die Nordsee für sich allein, so wie er es liebte. Er genoss die unendliche Weite und dieser Blick öffnete sein Herz.

Steve wusste in diesem Augenblick, dass man diesen freien Blick nur dann wirklich verstehen und genießen konnte, wenn man auch im Geist frei war. Wenn man alles für möglich hielt, dann gab es keine Grenzen mehr. Es gab keine Hindernisse, die sich in den Weg stellten, es gab keine Begrenzungen. Man war absolut frei.

Die Sonne glitzerte im Wasser und während Steve langsam durch das Wasser watete, fühlte er sich mit allen Elementen verbunden.

`Die Erde ist mein Körper. Das Wasser ist mein Blut. Die Luft ist mein Atem. Das Feuer ist mein Geist.´ Erinnerungen alter Weisheiten traten aus der Tiefe an die Oberfläche. Er war wie ein Tropfen im Meer, wie ein Lichtstrahl der Sonne. Er war frei wie der Wind und trotzdem mit der Erde verwurzelt.

`Auch ich bin ein Gedanke Gottes - aus der Liebe geboren. Alles ist eins. Allein für diese Erfahrung lohnt es sich zu leben´, durchfuhr es Steve.

Dann - für den Bruchteil einer Sekunde - erinnerte er sich an das Erlebnis mit dem Ungeheuer am Meer. Und er wusste plötzlich, wer dieses Ungeheuer war. Es war Tom! Ein Ungeheuer in Menschengestalt! Wie konnte aus einer liebenden Seele so etwas werden?

Das Wasser war nun so tief, dass Steve nicht mehr stehen konnte und so schwamm er ein Stück hinaus. Er hatte nie Angst im Wasser gehabt, denn er konnte schwimmen wie ein Fisch, aber er wusste durchaus, wie tückisch die Nordsee sein konnte. Eine Spur von Unbehagen stieg in ihm hoch. Er sah kurz ein Bild vor seinem inneren Auge aufblitzen - er sah sich gesund am Strand sitzen - und die Furcht wich.

Plötzlich durchfuhr ihn ein heftiger Schmerz. Er hatte einen Krampf im Bein und er glaubte, ihn würde etwas in die Tiefe ziehen. Immer tiefer und tiefer. Er hatte kaum noch Kraft sich dagegen zu wehren und die Wassermassen schlossen sich über seinem Kopf.

„Sie gehört zu mir!" Toms Stimme schrie in Steves Kopf. Dies war eindeutig kein Traum! Steve versuchte verzweifelt an die Wasseroberfläche zu kommen. Hatte er das Schicksal herausgefordert mit seinen Gedanken an Gefahr und Tod? Hatte er diese Situation angezogen und war er selbst der

Verursacher? Oder wollte Tom ihn töten? Hatte ein Geist tatsächlich eine solche Macht über einen Lebenden? Ist es auch Lisa so ergangen, konnte sie sich gar nicht wehren? In Steves Kopf wirbelten alle möglichen Gedanken durcheinander, bis er deutlich die Stimme seines Großvaters hörte: *„Folge der Schlange".*

Dann sah er vor seinem geistigen Auge, wie er mit Lisa und Tom am Lagerfeuer saß und wie sie sich die Schlange auf das Handgelenk malten und den Schwur sprachen.

`Ich muss der Liebe folgen, gerade jetzt. Ich liebe dich Tom - du bist mein Bruder!´ Seine letzten Gedanken an Tom waren wie ein verzweifelter Aufschrei in die Dunkelheit, dann gab er auf. Er ergab sich seinem Schicksal.

Doch unmittelbar danach löste sich der Krampf und wie von Geisterhand zog ihn etwas - oder jemand - nach oben. Steve schnappte nach Luft.

Als er sich etwas beruhigt hatte, sah er sich um und erkannte, dass er weit abgetrieben worden war. Mit letzter Kraft versuchte er nun das Ufer zu erreichen, aber er entfernte sich immer weiter davon. Bis er plötzlich eine Schlange vor sich zu sehen glaubte, die mit der Strömung in Richtung Ufer schwamm. Eine Schlange - hier? Unmöglich, aber einer Eingebung folgend schwamm er hinter ihr her. Unmerklich näherte er sich dem Ufer und schon wenige Augenblicke später spürte er wieder Boden unter seinen Füssen.

Nachdem er das Wasser verlassen hatte, ließ er sich erschöpft ins Gras fallen. Was war eben geschehen? Steve dachte über das nach was passiert war. Er hatte keine Erklärung dafür, aber er hätte schwören können, dass irgendjemand ihn nach oben gezogen hatte. Es schien verrückt zu sein, aber er musste dabei an Tom denken. Hatte er ihm geholfen oder hatte Steve nur seine letzten Kräfte mobilisiert, um sich zu retten?

Die größte aller Ängste, die Angst vor dem Tod, hatte schon längst keine Macht mehr über ihn. Dort unter Wasser war er wirklich der Liebe gefolgt. Obwohl er in Betracht zog, dass Tom ihn töten wolle, fühlte er nur die Liebe, die beide Brüder verband - damals am Lagerfeuer.

Konnte es sein, dass Tom sich durch Steves Erinnerung auch plötzlich wieder an alles erinnerte und erkannte, was er vorher nicht sah? War das möglich? Lag der Schlüssel aller Lösungen in dem Gefühl, das man Liebe nennt? War das wirklich so einfach? Wenn das so war, wurde durch dieses Erlebnis alles verändert. Dann hatten sie sich beide gegenseitig geholfen. Steve dachte voller Liebe an

Tom. Er sah vor seinem geistigen Auge wieder die kleine Gemeinschaft am Lagerfeuer sitzen. Sie waren seit einer Ewigkeit zusammengeschweißt, um Erfahrungen zu sammeln und der Liebe zu folgen.

Gedankenverloren blickte Steve hinaus auf das Wasser. Und da sah er ihn! Ganz deutlich - nicht nur vor seinem inneren Auge. Auf der Wasseroberfläche stand ohne Zweifel der kleine Junge von damals, der einst Tom war und dieser lächelte Steve zu.

„*Danke*" hörte Steve Toms nun sanfte und klare Stimme in seinem Kopf sagen. Der kleine Junge lächelte, legte beide Handflächen wie zu einem Gebet in Brusthöhe aufeinander und verneigte sich vor Steve. Dann löste er sich auf und verschwand.

Steve fuhr mit dem Gefühl nach Hause, dass etwas wirklich Gutes geschehen war. Er war sich sicher, dass Tom nun, durch die Erinnerung an ihre gemeinsame Bestimmung, seinen Weg weitergehen konnte, in eine andere Welt.

Steve wusste jetzt, dass es Gefühle gab, die so stark waren, dass sie Leben und Tod überwinden konnten und dass diese Energie dabei in beide Richtungen wirkte. Und so kann es geschehen, dass die Lebenden und die Verstorbenen den jeweils anderen nicht gehen lassen können. Der Tod ist eine Phase des Loslassens. Viele werden wütend und diese Wut ist bei den Überlebenden genauso stark wie bei den Verstorbenen. Durch den Tod werden Seelen scheinbar voneinander getrennt und viele wollen das nicht akzeptieren. Und das liegt daran, dass jede Seele tief im Innern weiß, dass der Tod nur Teil der materiellen Welt ist - einer vergänglichen Welt und somit nicht wahr. Hier lernen Seelen auf schmerzhafte Weise loszulassen, weil die Vergänglichkeit des irdischen Seins dies vorherbestimmt.

Steve war jetzt klar, dass man diesen schmerzhaften Weg nur überwinden konnte, wenn man lernte freiwillig loszulassen, damit der andere und man selbst der Bestimmung folgen konnte. Freiwillig loszulassen ist eine der größten Herausforderungen, die eine Seele zu bestehen hat. Das bedeutete, auf eigene Wünsche und Vorstellungen zu verzichten und somit den Willen des anderen zu respektieren, und ihn in Achtung und Liebe seines Weges ziehen zu lassen.

Tom hatte sich dieser Herausforderung gestellt. Und weil er wusste, dass es schwierig werden würde, Steve gebeten ihm zu helfen. Und Steve hat diesen Teil der Aufgabe gelöst, auf eine Art und Weise, die er so nicht erwartet hatte.

Als Steve wieder zuhause war, entschied er sich, Frau Stone aufzusuchen. Er wusste nicht, was er dort eigentlich wollte, er folgte einfach seiner Intuition und dem Moment.

Frau Stone freute sich sehr über seinen Besuch. Nach einer kurzen Plauderei bei einer Tasse Tee fühlte Steve sich veranlasst, Frau Stone von seinem Erlebnis am frühen Morgen zu erzählen.

Als er seine Geschichte beendet hatte, war Frau Stone ganz aufgeregt: „Kommen Sie junger Mann, kommen Sie! Wir werden gleich mal prüfen, ob sich etwas verändert hat." Frau Stone hielt nichts mehr auf ihrem Sessel und beide eilten die Treppe zu Lisas Zimmer hinauf. Erwartungsvoll öffnete Frau Stone die Zimmertür.

Der Raum war angenehm warm, die eisige Kälte verschwunden. Frau Stone freute sich und rieb sich die Hände: „Wunderbar! Sie haben etwas wirklich Gutes getan!"

Steve war selbst überrascht, dass so schnell eine fühlbare Wendung eingetreten war. Der Raum war eindeutig nicht mehr eisig wie bei seinem letzten Besuch. Wenn das hier so war, dann müsste auch in Lisas Krankenzimmer eine Veränderung eingetreten sein. Zumindest hoffte Steve das. Dieses Erlebnis bestätigte ihn darin, dass er auf dem richtigen Weg war. Steve fühlte sich unglaublich lebendig und kraftvoll, so dass er nichts mehr für unmöglich hielt.

***

Lisa fühlte sich plötzlich frei, irgendetwas war geschehen. Sie kam nicht dahinter was es war, und so nahm sie es einfach freudig an.

Vielleicht waren es die Worte des Indianers, die in ihr etwas verändert hatten. Er hatte ihr viele Fragen beantwortet und ihr wurde klar, dass sie die einzige war, die für sich eine Entscheidung treffen konnte. Es gab hier niemanden, der auf sie einredete oder sie überreden wollte. Sie war ganz allein auf sich gestellt. Irgendwo lag ihr Körper getrennt von ihrem Bewusstsein, nur durch einen dünnen Lebensfaden verbunden und sie allein durfte entscheiden, ob sie zurückgehen würde oder nicht.

Obwohl das grundsätzlich ein gutes Gefühl war, verursachte es doch auch leichtes Unbehagen und das verunsicherte sie. Diese Freiheit bedeutete auch, große Verantwortung zu übernehmen, und das schien ihr doch recht schwierig zu sein. Der alte Indianer hatte also recht gehabt, sie war sich nicht sicher, ob sie zurück in ihr Leben wollte.

`Ich weiß es tatsächlich nicht. Vielleicht...´ dachte Lisa. Sie war sich nicht bewusst, dass dieses kleine Wort `vielleicht´ eine große Wirkung hatte. `Vielleicht´ bekundete keinen Willen, es besagte ja und nein. Es war nicht schwarz und nicht weiß und für Lisa bedeutete das, nicht tot und nicht lebendig zu sein. `Vielleicht´ war gar nichts.

Durch dieses Wort blockierte Lisa sich vollkommen, ohne es zu wissen. Und so zeigten sich vor Lisa immer wieder neue Szenen auf der Kristallwand. Sie liefen vor ihr ab, als würde sie Filmausschnitte sehen, bedeutungslos und nichtssagend. Sie fand keine Szene, die sie ansprach und bewogen hätte, den Sprung ins Leben zu wagen.

Sie erkannte sich durchaus wieder in diesen Szenen, die sich ihr zeigten. Denn alle Bilder waren ein Teil ihrer Seele. Es waren zwar andere Wege, die ihre Seelensplitter gingen, andere Erfahrungen, Situationen oder Zeitalter. Lisa erkannte aber immer ihre Seelenenergie, sie erkannte ihr Gesicht, auch wenn es immer wieder in anderer Form erschien. Mal war sie Frau, mal Mann, mal Kind und mal Greis. Aber das alles war sie, in allen möglichen Facetten. Sie war Eine und doch Viele. Der Indianer hätte es nicht besser beschreiben können.

Leider berührte keine Szene sie so sehr, dass sie eine Entscheidung hätte treffen können. Sie horchte in sich hinein, um zu erforschen, was sie fühlte und wer sie tief im Innern in dem von ihr gesuchten Leben war. In ihr war eindeutig Begeisterung für Musik und Tanz. Aber da war auch Melancholie und Traurigkeit. Wo war das Leben, das dazu gehörte?

Irgendwann fingen die Szenen an sich zu wiederholen, allerdings waren sie nie völlig identisch. Es war eher vergleichbar mit einem Fernseher, bei dem man zwischen verschiedenen Programmen hin und her wechselte. Der Film in anderen Programmen lief inzwischen weiter und man hatte einen Teil verpasst.

Lisa fragte sich, was sie hier eigentlich sah. Der Alte hatte davon gesprochen, dass dies ihre Seelensplitter waren, die in anderen Realitäten und Dimensionen lebten. War ihr Höheres Selbst dann der Schöpfer dieser Versionen? Oder war sie selbst vielleicht nur eine Spielfigur in einem Spiel, das sich Leben nannte, aber dessen Komplexität sie gar nicht wirklich erfassen konnte? Vielleicht war sie nur die Erfindung einer noch größeren Seele.

Lisa spürte plötzlich große Angst. Sie fühlte sich hilflos und ausgeliefert. Was, wenn sie gar keinen freien Willen hatte, wenn sie nur eine Marionette war?

Lisa berührte vorsichtig die Kristallwand mit ihren Fingerspitzen. Sie konnte hindurch fassen, es fühlte sich wie ein Kribbeln an, so als wäre es ein Energiefeld. Sie konnte also hindurchgehen. Aber es sollte schon das richtige Leben sein. Sie würde es erkennen, hatte der Alte gesagt. Bisher erkannte sie aber nichts. Was wäre, wenn sie sich einfach eine Version aussuchen würde, die ihr gefiel? Verboten hatte ihr das ja schließlich keiner.

Lisa wurde nachdenklich. Eine Szene, die immer wieder auftauchte, gefiel ihr ausgesprochen gut. Wenn sie diese Bilder sah, fühlte sie keine Angst, nur Freude und Frieden. Irgendwie wusste sie schon, dass das nicht das Leben war, das sie suchte. Aber es war sehr verlockend.

Sie wünschte sich inständig, diese Szene erneut zu sehen und länger beobachten zu können. Die Bilderabfolge stoppte augenblicklich an der richtigen Stelle und Lisa erkannte nun erleichtert, dass sie tatsächlich das Geschehen in der Höhle steuern konnte. Wenn das so war, dann hatte ihr Wille Gewicht. Das fühlte sich wirklich gut an, viel besser als das Gefühl einer höheren Macht ausgeliefert zu sein!

Was sie sah war wunderschön. Sie sah sich als eine Art Hohepriesterin in einem seidigen, weißen Gewand auf einem Pegasus fliegen. Diese Welt war ihr irgendwie vertraut, und sie fühlte absoluten Frieden und reine Freude. Ob das eines ihrer früheren oder sogar künftigen Leben war? Oder war das nur ein Wunschtraum von einer perfekten heilen Welt?

In dieser Welt gab es Feen, Elfen und andere Fabelwesen. Auch Menschen lebten dort, die noch oder wieder in Kontakt zu all diesen Wesen standen. Sie sah sich, wie sie junge Frauen unterrichtete und mit Güte und Liebe ihre Aufgaben erfüllte. Die Menschen holten sich Ratschläge von den weisen Frauen und jeder lebte im Einklang mit den Tieren, der Natur und allen Wesen. In dieser Welt entschieden die Einhörner, wer Hohepriesterin werden durfte. Nur wer absolute Liebe und vollkommenen Frieden in sich trug wurde erwählt. Die Bewohner dieser Welt lebten von Früchten und Licht und jeder ging einer Beschäftigung nach, die seiner Begabung entsprach und zum Wohle und zur Freude aller war. Harmonisch fügte sich alles zusammen, Lisa konnte sich von diesen Bildern nicht trennen. Sie war erstaunt über die Ausstrahlung, die von ihr als Hohepriesterin ausging. Sie fühlte Kraft, Macht und Mut zur Entscheidung.

Alles Eigenschaften, die der jetzigen Lisa völlig abgingen. Lisa erkannte ganz plötzlich, dass sie in dem Leben, das sie suchte, genau so nicht war. Sie erinnerte sich, dass sie Macht immer nur mit Gewalt und Krieg verbunden hatte und es deshalb ablehnte. Doch was sie hier sah, erfüllte sie mit Stolz und Ehrfurcht. Sie erkannte etwas, was sie bisher nicht sehen wollte. Wie man Macht ausübte, war eine Entscheidung des freien Willens. In dieser Welt hatte es nichts mit Gewalt zu tun, nur mit Kraft durch Liebe.

Was sie dort sah berührte und bewegte sie, es war wie ein Erwachen. Macht hatte etwas damit zu tun, aktiv zu sein und Entscheidungen für sein Leben zu treffen. Es war eine positive Kraft und konnte durchaus Liebe und Güte bedeuten, wenn man sich nicht der negativen Gewalt hingab. Macht über sein Leben zu haben bedeutete, selbst zu entscheiden und nicht abzuwarten, bis andere das für einen taten. Keine Macht zu haben bedeutete Ohnmacht. Und die schlimmste Form der Ohnmacht war das Koma.

Lisa hatte viele ihrer Seelenteile gesehen und erkannte dadurch das Gesamtbild ihrer Seele. Sie bedauerte, dass sie oft nicht die Kraft hatte zu leben, weil sie ihre Macht an andere abgab. Sie wählte die Ohnmacht, mit oft furchtbaren

Konsequenzen. War es das, was sie immer wieder auf der Erde scheitern ließ? Ohnmacht zu erdulden statt Macht zu leben?

Und doch war sie in einer anderen Welt oder einer anderen Dimension auch Hohepriesterin, mit einer so unglaublichen Stärke, Größe und Macht, dass Lisa kaum glauben konnte, was da in ihr verdeckt vorhanden war. Dieser Teil von ihr würde niemals aufgeben und nie an Kraft verlieren.

Ein Teil von ihr war so perfekt wie sie es sich immer erträumt hatte. Alles was sie brauchte war bereits in ihr. Wenn man es nicht glauben konnte, dann blieb es versteckt und unsichtbar. Aber immer war es da. Es galt nur die Aufmerksamkeit darauf zu richten und es anzunehmen. Lisa hatte in der Hohepriesterin ein Abbild von sich gesehen, das dem entsprach wie sie sein wollte. Sie wollte die Kraft und den Mut besitzen, das auszuhalten, was ihr begegnete, Freude zu leben und Entscheidungen aus Liebe zu treffen.

Durch die Bekundung dieses Willens forderte sie das Schicksal heraus. War sie wirklich bereit, das auszuhalten was ihr begegnete?

Ein Teil ihrer Erinnerung kam zurück. Lisa sah auf der Kristallwand, dass sie in ihrem letzten Leben ihre Leidenschaft lebte, denn dem Tanz und der Musik gehörte ihre ganze Liebe. Sie erkannte dieses Leben sofort als das was sie suchte. Sie liebte, was sie tat über alles. Sie war schon als Kind hochbegabt und sehr sensibel.

Lisa wuchs als wohlbehütetes Kind liebevoller und reicher Eltern auf. Ihre Eltern lasen ihr jeden Wunsch von den Augen ab und man hielt alles, was ihre kleine Seele belasten könnte, von ihr fern. Sie sah aus wie ein Engel und verhielt sich auch so. Ihr großes Talent und gute Beziehungen öffneten ihr alle Türen. Sie musste nie um etwas bitten oder kämpfen.

Der frühe Tod ihrer Eltern war ein Schock für den damaligen Teenager. Sie ertrug das Leben nicht, wenn die Umstände traurig waren oder die Welt aus ihrer Sicht böse. Die reale Welt machte ihr Angst und so erschuf sie sich ihre Traumwelt auf der Bühne. Sie zog sich in ihre Illusion zurück, da war sie sicher. Sie konnte immer wieder in neue Rollen schlüpfen, diese waren von anderen so festgelegt, das gab ihr Sicherheit. Es spielte keine Rolle wer Lisa wirklich war, niemanden interessierte es. Man sah in ihr immer nur den Star, alle sahen nur, was sie sehen wollten. Bis auch Lisa nicht mehr wusste, wer sie war.

Am Anfang ihrer Karriere hatte sie sich manchmal gefragt, warum ausgerechnet sie dieses begnadete Talent besaß und ob ihr Leben noch einen anderen Sinn haben könnte. Sie war sehr dankbar, dass sie so fürsorgliche Eltern hatte, ihr alles mit Leichtigkeit in den Schoß fiel und sie ihren Traum leben durfte.

Aber ob das alles einen tieferen Sinn hatte, konnte sie nicht ergründen. Schließlich hörte sie auf zu fragen und hielt es für ihr Schicksal und den Willen einer höheren Macht. Dadurch gab sie das erste Mal ihre Macht auf.

Sie sammelte schon als Kind Clowns, weil sie tief im Innern wusste, dass das Leben nur Maskerade war. Es war nicht die Wahrheit, es war ein Spiel, das irgendwann vorbei sein würde. Schmerzlich bestätigte sich das durch den Tod ihrer Eltern. Sie war zu jung damals, um selbständig zu sein und deshalb war sie dankbar, dass sie finanziell abgesichert war und es dadurch immer jemanden gab, der das Alltägliche für sie regelte und sie sich damit nicht belasten musste. Schließlich entschieden andere über ihr Leben. Damit gab Lisa ein weiteres Mal ihre Macht auf.

Erst waren es Verwandte, dann ihre Manager und Vermögensverwalter, die sich um alles kümmerten. Als sie schließlich um den Großteil ihres Geldes betrogen wurde, von den Menschen, denen sie vertraut hatte, war sie zutiefst enttäuscht und verletzt.

Sie hatte keine andere Möglichkeit mehr, als sich von allem und jedem zu trennen. Zu dieser Zeit kannte sie Tom bereits, der einzige Freund, der ihr geblieben war. Er half ihr aus dem gröbsten Chaos heraus und durch den Verkauf der Antiquitäten aus dem Haus ihrer Eltern und dem Anwesen selbst, hatte Lisa weiterhin ein ausreichendes Vermögenspolster. In gewisser Weise war sie erleichtert, alles verkaufen zu können, denn dadurch konnte sie auch den Ballast ihrer Erinnerungen hinter sich lassen. Sie wollte sich mit materiellen Dingen nicht mehr belasten und zog in ein möbliertes Zimmer zu Frau Stone. Nur ihre Clowns und ein paar Bilder nahm sie mit.

Tom war sehr strukturiert, er organisierte ihr Leben und nahm ihr unangenehme Dinge ab. Lisa gefiel das, sie vertraute nur ihm und schließlich wurde es Liebe.

Sie liebte Tom und ihre Arbeit sehr, aber Verlust und Enttäuschung hatten Narben in Lisas Seele hinterlassen. Der Schmerz saß tief in ihrem Herzen, aber wie ihre Clowns, zeigte auch sie niemandem ihr wahres Gesicht. Auch Tom konnte an dieser Melancholie in ihr nichts ändern. Nur der Tanz und die Musik war für sie der einzige Weg zur Heilung. *Wenn sie tanzte und sang, war sie frei vom Schmerz.*

Lisa dachte über Tom und ihre Beziehung zu ihm nach. Tom hatte immer gewusst, was der nächste Schritt sein musste und sie war immer damit einverstanden. Sein Weg war auch ihr Weg. Tom passte in ihre Traumwelt, denn er hatte dieselben Träume. Sie wollte immer die Beste sein, ihre Eltern sollten stolz auf sie sein. Auch Tom war immer der Beste. Sie waren ein perfektes Traumpaar.

Diese Erinnerungen lösten in Lisa wieder Traurigkeit aus, ein tiefer Schmerz durchfuhr sie. Ihr fiel der grauenhafte Unfall wieder ein.

Tom war außer sich vor Wut und Enttäuschung gewesen. Lisa hatte unglaubliche Schuldgefühle. Wenn sie Tom gefolgt wäre - wie immer - hätte sie das alles verhindern können. Es war für Tom immer selbstverständlich gewesen, über ihr beider Leben zu bestimmen. Und Lisa ließ es zu - bis zu diesem Abend.

Die Erinnerung wurde in Lisa wieder lebendig und wie von Zauberhand projizierten sich die Bilder des verhängnisvollen Abends auf die Kristallwand.

Lisa sah sich selbst mit Tom in einem kleinen Restaurant sitzen und sie sah wie er ihr einen Ring reichte und ihr einen Heiratsantrag machte. Lisa war hocherfreut, denn sie hatte schon lange darauf gewartet. Sie ließ sich den Ring von Tom anstecken, sie war sprachlos und zu Tränen gerührt. Alles hätte so schön sein können.

Doch dann sagte Tom etwas, was alles in ihr von einer Sekunde zur anderen zerstörte. Er erklärte ihr, dass er ein Arrangement nach New York erhalten habe, leider ohne ihre Mitwirkung. Er habe deshalb entschieden, dass es an der Zeit sei, eine Familie zu gründen und sie könne sich auf ihre gemeinsamen Kinder konzentrieren. Er malte sich das Leben mit ihr an seiner Seite in rosigen Farben aus. Lisa könne ihr Leben genießen und ganz für ihn und die Familie da sein.

Lisa war wie erstarrt. Tom war so begeistert von seinen Ausführungen, dass er Lisas Reaktion überhaupt nicht wahrnahm. Lisa war leichenblass und ihr Herz raste. Sie sollte aufhören zu singen? Und nur noch sein Schatten sein? Ihr wurde speiübel und Tom schien ihr so fremd. Wie konnte er ihr das nur zumuten? Das erste Mal in ihrem Leben war sie nicht bereit ihm zu folgen.

Ihr wurde klar, dass sie ihr Leben Toms Leben untergeordnet hatte. Sie hatte keine eigenen

Freunde mehr, es waren seine und sie machten alles gemeinsam. Es hatte ihr nie etwas ausgemacht, solange es auch ihre Vorstellung vom Leben war. Es passte eine ganze Weile gut zusammen. Der Weg war bequem für Lisa gewesen und sie wäre nie auf die Idee gekommen, dass Toms Pläne einmal nicht mehr zu ihrem Leben passen könnten.

Lisa war wieder einmal zutiefst enttäuscht. Es gab Alternativen und andere Möglichkeiten, aber würde Tom das akzeptieren? Würde sie ihr Leben noch lieben, wenn sie Toms Vorstellung von ihrem gemeinsamen Leben folgen würde? Sie liebte was sie tat, und dadurch liebte sie ihr Leben. War sie nicht auch sich selbst gegenüber verantwortlich? Würde sie ihm folgen, würde sie sich und ihre Eltern verraten, die alles dafür getan hatten, dass sie ihren Traum leben durfte.

Sie musste der Liebe zur Musik folgen, auch wenn das hieß, Tom zu verlassen. Sie konnte sich überhaupt nicht vorstellen, wie das gehen sollte, vielleicht war sie allein gar nicht lebensfähig - sie hatte es ja nie versucht. Sie wollte Tom seine Chance nicht verbauen, deshalb konnte sie ihn auch nicht vor die Wahl stellen, entweder New York oder sie. Die Entscheidung fiel ihr schwer und sie war zutiefst traurig. Aber wie traurig wäre sie erst, wenn sie ihren Traum verlieren würde? Toms Plan war für sie absolut indiskutabel. Und so entschied sich Lisa, der Liebe zur Musik zu folgen, denn dafür war sie geboren, das war der Mittelpunkt ihres Lebens. Alles andere würde sich finden.

Sie machte noch einen letzten Versuch, Tom zu erklären, dass das so nicht ginge, und er nicht einfach über ihren Kopf hinweg eine solche Entscheidung treffen könne. Auch sie wollte tanzen und singen, das war ihr Leben. Doch Tom wischte mit einer Handbewegung ihre Wünsche beiseite und sagte: „Unsinn, du wirst sehen, es wird dir gefallen."

Und so entschied Lisa, Tom den Ring zurückzugeben und ihm unmissverständlich klar zu machen, dass ihr Leben so keine gemeinsame Zukunft mehr hätte. Tom war wie vom Donner gerührt, denn damit hatte er nicht gerechnet. Nur die Tatsache, dass noch andere Menschen im Restaurant waren, brachte ihn dazu, sich zu beherrschen.

Für Tom brach eine Welt zusammen, er hatte alles so perfekt geplant. Aber Lisa war so entschlossen dagegen, dass diese Haltung ihn vollkommen verwirrte. Als beide im Auto saßen und auf dem Weg nach Hause waren, brach der Streit lautstark aus. Tom konnte nicht verstehen, warum *sie ihn zurückwies und seine Pläne zerstörte. Was war nur in sie gefahren? Lisa dachte noch, er könne auch freiwillig auf New York verzichten, aber sie sagte es nicht. Sie hoffte, er würde von sich aus einlenken. Lisa war in diesem Moment nicht klar, dass Tom ohne sie nicht leben wollte. Und ihr war auch nicht klar, dass er sie niemals gehen lassen würde. Toms letzte Worte klangen wütend und entschlossen: „Du gehörst zu mir."*

Nach dem Aufprall des Wagens spürte Lisa nur noch eisige Kälte. Dann wurde alles schwarz. Die Erinnerung an diesen Moment ließ Lisa erschaudern. Lisa würde wohl nie erfahren, ob dieser Unfall beabsichtigt gewesen war oder nicht. Sie wollte es auch gar nicht wissen. So wütend hatte sie Tom noch nie erlebt, er machte ihr Angst und sie erkannte ihn nicht mehr. Ihre Schuldgefühle wurden unerträglich.

Die Erinnerung war schrecklich und es war mehr, als ihre zarte Seele ertragen konnte. So fühlte es sich an, wenn man Entscheidungen traf. Man musste mit den Konsequenzen leben oder sterben. Sie stand teilnahmslos da und starrte auf die jetzt leere und dunkle Kristallwand. Sie konnte mit den Konsequenzen nicht leben. Aus dem `Vielleicht´ war ein `Nein´ geworden.

***

Steve hatte noch viel Zeit bevor er sich am Abend mit Torsten und Janet treffen wollte. Er entschied den Rasen zu mähen und ein wenig im Garten zu arbeiten. Das würde ihn ablenken und er wäre draußen an der frischen Luft.

Nachdem er alles erledigt hatte, legte er sich auf eine Liege und beobachtete eine Weile die tief fliegenden Schwalben wie sie Insekten jagten. Die heißen Strahlen der Sonne wurden durch die Blätter des Baumes gemildert, unter dem er lag. In Steve war es ruhig geworden, er beobachtete seinen Atem und ließ seine Gedanken mit den wenigen Wolken am Himmel davonfliegen. Mit der Zeit konnte er seine Augen nicht mehr offen halten und das leise Zwitschern der Singvögel ließ ihn tief entspannen.

Stille war in ihm, Frieden und Klarheit. Er fühlte sich, als wäre er der Mittelpunkt des Universums und alles würde sich nur um ihn drehen. Es war ein eigenartiges Gefühl - zwischen Wachsein und Schlaf. Er kannte das Gefühl, denn er hatte es schon einmal erlebt, damals am See, als er sich selbst an Land sah.

Jetzt sah er sich wieder. Er sah seinen Körper in einiger Entfernung auf der Liege und fühlte in sich eine Leichtigkeit, wie er sie noch nie empfunden hatte. Er erschrak diesmal nicht, er genoss nur den Moment und hatte das Gefühl zu schweben.

Steves jetziger Körper fühlte sich leicht, aber auch vollkommen real an. Dieser Teil von ihm - losgelöst von seinem irdischen Körper - konnte intensiver wahrnehmen und Energien sehen, die ihm sonst verborgen blieben. Er sah sich in seinem Garten um, der aus sich heraus leuchtete. Von den Bäumen wurden eigenartige Substanzen abgegeben, die in der Sonne glitzerten. Sie verschmolzen mit den Energien anderer Bäume, und sie schienen miteinander zu kommunizieren. Alles stand miteinander in Verbindung. Steve konnte nicht nur den Gesang der Vögel hören, er konnte die Schwingungen sogar sehen. Zarte bunte Wölkchen gingen von ihnen aus und verschmolzen mit der Energie der Bäume, der Blumen und mit seiner eigenen. Denn auch sein Körper war von einem zarten Energiefeld umgeben, das bläulich leuchtete. Selbst die Steine schimmerten in unterschiedlichen Farben und schickten ihr Licht in den Himmel hinauf.

In der Mitte des Gartens hing eine silberne Strickleiter, die hoch über die Bäume hinaus ging. Sie lud ihn ein hinaufzuklettern, und er nahm die Einladung an. Es fiel ihm ausgesprochen leicht, er hatte so viel Energie, dass es ihm überhaupt nichts ausmachte. Die Leiter schien kein Ende zu nehmen, Steve kletterte immer höher und höher, und irgendwann konnte er den Planet Erde von hoch oben aus dem All sehen. Er kletterte auch weiter, als eine dichte Nebelwand erschien und er außer seiner Leiter nichts sehen konnte.

Schließlich hatte er den Nebel überwunden, und die Leiter endete an einer Steintreppe, die weiter nach oben führte. Als Steve das Ende erreichte, befand er sich hoch oben in den Bergen in einer alten Inka-Stadt. Aber das hier waren keine Ruinen. Alle Häuser waren intakt, und aus vielen kleinen Maueröffnungen plätscherte Wasser und bewässerte eine Vielzahl von Terrassen voller bunter Pflanzen. Die Menschen, die Steve hier sah, passten hierher. Sie trugen Kleidung, wie er sie von Bildern her kannte. Es war tatsächlich eine bewohnte Inka-Stadt. Die Inkas und Mayas hatten ihn schon immer fasziniert, und das was er hier erleben durfte, überwältigte ihn regelrecht. Das hier war lebendige Geschichte, es war ein Ausflug in eine ganz andere Welt.

Aber weshalb war er hier? Suchend sah er sich um. Eine weiße Katze kreuzte seinen Weg und Steve ging ihr instinktiv nach. Sie verschwand in einem Haus, dessen offener Eingang mit Zeichnungen von Schlangen verziert war. Da Steve nicht ohne zu fragen eintreten wollte, ging er um das Haus herum. Als er den alten Indianer sah, rief er erstaunt: „Großvater!"

„Da bist du ja! Schön, dass du mich gefunden hast" , antwortete der Indianer. Steve fragte erstaunt: „Was ist das hier? Träume ich?"

Der Alte schüttelte den Kopf: „Nein, du träumst nicht. Du hast etwas geschafft, was man als eines der großen Mysterien des Lebens bezeichnen könnte. Du hast deinen Körper verlassen, um eine außer-körperliche Erfahrung zu machen, ohne dafür sterben zu müssen. Was für ein Abenteuer! Deine Seele suchte Rat und das hat dich zu mir geführt. Ist es nicht einfach fantastisch hier?"

„Ja, es ist wundervoll. Es ist, als ob man hier oben direkt mit dem Himmel verbunden wäre . Es geht eine Kraft von diesem Ort aus, die ich so noch nicht empfunden habe." Nach einer langen Pause fuhr Steve fort: „Was meinst du damit, meine Seele hat um Rat gefragt?"

„Deine Seele hat vor langer Zeit einen Seelenvertrag mit Lisa und Tom geschlossen und jetzt ist die Zeit gekommen, um ihn zu erfüllen. Bei Tom hast du einen wunderbaren Weg gefunden deinen Auftrag zu erfüllen und es war ganz einfach für dich."

„Also so einfach war das nicht", widersprach Steve. „Immerhin wäre ich beinah ertrunken."

„Ertrinken steht nicht in deinem Lebensplan", teilte der Großvater ihm schmunzelnd mit.

„Vielen Dank! Aber das habe ich in dem Moment leider nicht gewusst. Ich dachte einen Moment ich würde sterben. Aber trotz dieser Bedrohung dachte ich nur an die Liebe zu Tom. Es war wie ein Sieg der Liebe über die Angst."

Der Alte lächelte: „Ja, du hast einen Teil der Angst besiegt. Aber die Angst hat viele Gesichter. Dazu gehören Mutlosigkeit, Verzweiflung und vieles mehr. Alles Emotionen, die dem Menschen unangenehm sind. Es können dir also noch viele Ängste begegnen, denen du dich stellen musst. Aber so wie die Dunkelheit keine Macht hat, wenn das Licht kommt, so hat auch die Angst keine Macht, wenn die Liebe kommt.

Es gibt nur Angst und Liebe, beide schließen sich gegenseitig aus. Bringe eine kleine Flamme in einen dunklen Raum und alles verändert sich. Es bleiben nur die dunklen Schatten und auch sie sind nicht das, was sie zu sein scheinen. Schatten ist nur dort, wo dem Licht etwas im Wege steht und wo viel Schatten ist, ist auch viel Licht. Der Schatten zeigt dir also immer die Anwesenheit von Licht. Und deshalb zeigt dir die Angst auch immer die Anwesenheit von Liebe.

Wenn du also mutlos bist, stehst du dir selbst im Weg. Dreh dich deshalb um, sieh ins Licht und dort wirst du viel Mut finden. Wenn du verzweifelt bist, dreh dich um, denn dort steht der Glaube an dich selbst. Wenn die Angst groß ist, dreh dich um, denn dort steht die Liebe im hellen Licht. Die Angst ist nicht wahr, weil sie keinen Bestand hat und so ist auch der Tod nicht wahr, es gibt nur Leben. Du hast durch Tom erkannt, was die Wahrheit ist."

Steve dachte einen Augenblick über das nach, was sein Großvater gesagt hatte. Es stimmte, Steve hatte Toms größte Angst gesehen, nämlich den Verlust und das Loslassen müssen. Und er sah den Schmerz, den sie verursachte. Dieser tiefe Schmerz zeigte sich ihm in seinen Visionen als Ungeheuer. Doch Steve erkannte dahinter den kleinen Jungen von damals, der sich nur nach Liebe sehnte. Und weil Steve das erkannte, hatte die Angst keine Macht mehr über ihn. Und dadurch war auch der Weg der Liebe für Tom frei.

Aber was war mit Lisa? Welche Rollte spielte sie hierbei? Steve fragte deshalb seinen Großvater: „Um Tom muss ich mir wohl keine Gedanken mehr machen. Kann ich auch Lisa irgendwie helfen?"

Sein Großvater schloss die Augen und horchte in die Unendlichkeit auf der Suche nach einer Antwort. Schließlich antwortet er: „Lisa hat sich in diesem Moment entschieden, nicht mehr in ihren Körper zurückzukehren."

„Wie bitte?" Steve war entsetzt. Damit hatte er nicht gerechnet. „Dann kann ich sie also nicht mehr retten?"

„Es kommt darauf an, was du unter retten verstehst. Manchmal muss man die Sicht der Dinge ändern, um etwas zu erkennen", erklärte der alte Indianer. „Ihr drei habt damals einen Seelenvertrag geschlossen, in dem es um gegenseitige Hilfe bei der Umsetzung spezieller Lernaufgaben in diesem Leben geht.

Notwendig für die Erfüllung eures Seelenplanes ist es, der Liebe - also eurem Herzen - zu folgen. Wenn man der Liebe folgt, muss man Entscheidungen treffen. Und wer Entscheidungen trifft, muss gleichzeitig etwas anderes loslassen. Das kann manchmal ganz einfach sein, wenn die Liebe eindeutig den Weg weist. Es kann aber auch ein sehr schmerzlicher Prozess sein.

Lisa zum Beispiel ist kein Freund von Entscheidungen. Sie wartet gerne ab und hofft, dass sich Dinge von alleine zu ihrem Besten lösen, das ist weniger schmerzhaft, das ist bequem und hat bei ihr immer funktioniert. Das gibt ihr die Möglichkeit, anderen die Schuld zu geben, und sie kann sich der Verantwortung entziehen. Versteh mich nicht falsch, jeder hat den freien Willen, einen solchen Weg zu wählen. Aber es gibt Lebensaufgaben, die mit so einem Verhalten nicht gelöst werden können. Denn derjenige wird gelebt statt zu leben. Er kommt deshalb nie in seine Schöpferkraft, weil er nur reagiert, nicht agiert. Derjenige tut nichts aus wirklicher Überzeugung, dadurch kann er sich auch nicht auf ein bestimmtes Ziel ausrichten.

Ihr drei wusstet das und Tom hat es aus Liebe zu Lisa auf sich genommen, so zu handeln, wie er gehandelt hat. Es war sehr mutig von ihm, weil er sich dadurch großen Gefahren ausgesetzt hat. Nur weil er einen starken Druck auf Lisa ausübte, musste sie überhaupt erst eine Entscheidung treffen und Verantwortung übernehmen. Das war sein Part in eurem Seelenvertrag.

Ich sagte, manchmal ist es einfach Entscheidungen zu treffen. Wäre es nur eine einfache Entscheidung gewesen, dann hätte auch Lisa keine Probleme damit gehabt. Aber es gibt immer unterschiedliche Schwierigkeitsgrade und Lisa wählte den höchsten. Sie musste zwischen zwei Dingen wählen, die sie gleichermaßen liebte: Tom und ihre Musik. Ihre Situation führte unweigerlich in einen Konflikt, der einer Lösung bedurfte, der sie sich dieses Mal nicht durch Abwarten entziehen konnte.

Leidenschaft, Begeisterung und Freude zeigen den Weg des Herzens - den Weg der Liebe. Ihr drei seid in tiefer Liebe zueinander verbunden, und so hatte auch Lisa ihren Part in eurem Lebensplan zu erfüllen.

Tom gehört zu den Wesenheiten, die keine Probleme haben Entscheidungen zu treffen. Aber er kann nicht loslassen. Damit Tom genau das lernen konnte, musste Lisa sich so entscheiden, wie sie sich entschieden hat - für ihre Musik. Es war ein Akt der Liebe von Lisa, Tom loszulassen und ihm alles Glück zu wünschen, trotz ihrer persönlichen Enttäuschung. Entscheidungen anderer zu respektieren und dabei trotzdem in der Liebe zu schwingen, ist eine schwierige Lernaufgabe. Durch Lisas Verhalten hätte auch Tom sich erinnern können, dass das ein möglicher Weg der Liebe wäre. Er aber war zu sehr in den irdischen Emotionen verfangen und deshalb konnte er so nicht handeln. Die Erde ist ein gefährlicher Ort. Diese Gefahren waren euch bewusst, als ihr den Vertrag geschlossen habt.

Damit kamst du ins Spiel, quasi als letzter Rettungsanker. Du hast Tom gerettet, weil du ihn an euren Seelenvertrag erinnert hast. Zwar ist er aus irdischer Sicht tot, aber tatsächlich hast du seine Seele gerettet, die sonst weiter im Meer der Angst umhergeirrt wäre. Dadurch hat er Lisa losgelassen, so dass sie sich nun frei entscheiden kann. Das war dein Part in eurem Seelenvertrag.

Euer gemeinsamer Seelenvertrag ist somit erfüllt. Ihr alle habt getan was nötig war. Aus dieser Sicht der Dinge hast du Tom und Lisa bereits gerettet, weil sie nun ihren Weg gehen können."

Steve gefiel diese Sicht der Dinge nicht besonders. „Willst du damit sagen, dass es jetzt für mich an der Zeit ist loszulassen - nämlich Lisa? Willst du damit sagen, meine Aufgabe sei erfüllt?"

Sein Großvater zuckte mit den Schultern: „Du musst selbst herausfinden, was für persönliche Aufgaben du dir - über euren gemeinsamen Seelenvertrag hinaus - vorgenommen hast. Manchmal möchte man sich einfach nur erinnern, wer man ist und es gibt gar keine großen Pläne. Was das Loslassen angeht, so hast du doch schon einiges erreicht. Du hast bereits deine Wut, Schuld und Ängste losgelassen. Dein Leben hat sich sehr verändert in den letzten Jahren. Du hast dich neu erfunden um dir wieder nah zu sein. Das ist beeindruckend und ich bin sehr stolz auf dich."

„Du sagtest vorhin, Lisa habe sich gegen das Leben entschieden. Warum?" wollte Steve wissen.

„Lisa ist ein Geschöpf der Liebe aber sie hat Angst vor dem Leben und das damit verbundene Leid", antwortete der Alte. „Sie hat sich ein Leben auf der Erde leichter vorgestellt. Als sie noch an die Leichtigkeit des Lebens glaubte, war auch alles leicht. Doch das Leben holte sie ein, und schließlich verlor sie ihr Vertrauen und ihr Selbstvertrauen.

Nach Toms Tod war sie dann ganz allein und sie zog sich immer mehr in sich zurück. Manchmal ist ein vorübergehender Rückzug notwendig, um einen Neubeginn zu starten. So wie die Bäume zum Winter in die Ruhe gehen, um dann im Frühling neu zu erwachen. Lisas Rückzug war aber nicht freiwillig. Da Tom sie auch im Tod nicht loslassen konnte, redete er ihr in ihren Träumen Schuldgefühle ein, denn da war er ihr besonders nah. Schließlich drehte sich ihr Denken und Fühlen nur noch darum und dadurch ließ sie zu, dass beide durch eine unsichtbare Kette verbunden blieben. Durch seine ständige Präsenz nahm er ihr zunächst die Kraft, dann die Liebe zur Musik und zum Schluss den Mut zum Leben.

Tom hätte sie gehen lassen müssen, doch das konnte er erst durch deine Hilfe. Lisa hat dadurch eine neue Chance bekommen, die sie aber selbst ergreifen muss. Im Moment fehlt ihr aber der Mut und die Kraft, ihrer kosmischen Bestimmung zu folgen."

Steve war nachdenklich geworden. Er erkannte, dass ein Außenstehender gar nichts über einen anderen wissen konnte. Er wusste nicht, was Lisas kosmische Bestimmung war, aber er zweifelte nicht an den Ausführungen seines Großvaters. Vielleicht musste Steve auch gar nicht alles verstehen, sondern immer nur das, was auch ihn betraf. Ob er selbst auch so eine höhere Bestimmung hatte?

Er wusste jetzt, dass Lisa bei ihrem Selbstmordversuch irgendwie fremdgesteuert war. Aber trotzdem war es ihre Entscheidung, denn wenn sie im Innern nicht dazu bereit gewesen wäre, hätte auch Tom keinen Einfluss nehmen können. Steve wurde klar, dass er kein Recht hatte Lisa zu überreden oder zu überzeugen. Sie musste ihre eigene Kraft finden und sich frei für einen Weg entscheiden.

Steve erkannte, dass es allein sein Wunsch war, sie zurückzuholen. Wer sagte denn, dass es auch für Lisa das Beste war? Wenn sie tatsächlich noch höhere Aufgaben zu bewältigen hatte, dann fühlte sie vielleicht tief in sich, dass sie dem nicht gewachsen war. Vielleicht folgte sie einfach nur ihrer Intuition.

Ob es ihm nun gefiel oder nicht, es war allein ihre Entscheidung. Laut sagte er: „Ich dachte die ganze Zeit, Lisa hätte mich über die Träume gerufen, weil ich sie retten sollte. Aber vielleicht wollte sie mich nur an unseren Seelenplan erinnern. Welches Recht habe ich, Lisas Entscheidung anzuzweifeln und auf ihren Willen einzuwirken? Aber wenn ich es nicht tue, mache ich mich dann nicht schuldig, wenn ich tatenlos zusehe wie jemand in sein Unglück rennt?"

Der Indianer antwortete: „Fragst du das jetzt allgemein oder im Hinblick auf Lisa? Im Allgemeinen kannst du nicht wissen, ob jemand in sein Unglück rennt. Es mag deiner Meinung nach ein Unglück sein, derjenige kann aber auch ein erwünschtes Schicksal erfüllen und es soll so sein. Vielleicht bist du aber auch gerade zur richtigen Zeit am richtigen Ort, um etwas zu tun. Wer weiß das schon?

Ich kann dir nur den Rat geben, dass du tun musst, was du tun musst. Was dich tief im Innern treibt, ist das was du tun musst. Du allein trägst die Konsequenz aus deinem Handeln oder Nichthandeln.

Ich kann dir versichern, dass du immer liebevoll unterstützend helfen darfst. Du solltest dich nur vor Manipulationen hüten. Nur wenn du deine inneren Dämonen besiegt hast, bist du wirklich frei für Hilfestellung, ansonsten kannst du durch deine eigenen Ängste, Wünsche und Bedürfnisse in die Irre geführt werden. So wie es bei Tom geschehen ist.

Im Moment hat Lisa ihre Entscheidung aus Angst getroffen. Aber vielleicht führt sie genau das auf einen Weg, der ihr ebenfalls nützliche Erkenntnisse bringt. Du weißt ja, hinter der Angst steht die Liebe, man muss sich nur trauen hinzusehen. Und nun mein Junge, zeige ich dir unsere Welt hier oben in den Wolken."

Steve und sein Großvater standen auf und folgten dem Klang einer Panflöte in Richtung Marktplatz. Hier herrschte ein buntes Treiben, überall war Musik und Tanz. Die Fröhlichkeit und die pure Lebensfreude dieser Menschen berührten Steves Herz. Er wurde empfangen wie ein verlorener Sohn und fühlte, dass er zuhause war. Er hatte keinen Zweifel mehr, dass er immer zur richtigen Zeit am richtige Ort sein und immer das Richtige tun würde. Alles war gut so wie es war.

***

Lisa saß lange regungslos auf ihrem Platz und starrte vor sich hin. Da sie nicht bereit war, die ganze Wahrheit zu sehen, blieb ihr ein Teil der Wahrheit verborgen. So ging sie irrtümlich davon aus, dass sie aufgrund des Unfalls im Koma lag.

Sie fragte sich, ob ihre Entscheidung falsch gewesen war. Wenn sie Toms Vorschlag angenommen hätte, hätten sie sich nicht gestritten und es wäre nichts passiert. Es war ihre Schuld. Sie hatte kein Recht, nur an sich zu denken. Sie gehörte zu Tom und sie hätte ihm folgen müssen. Wie schwer sie wohl verletzt war? Ob sie jemals wieder tanzen konnte?

Lisa erschrak und sagte laut zu sich selbst: „Was bin ich doch für ein schlechter Mensch. Ich denke nur an mich. Wie kann ich nur so ein Egoist sein!"

„Sei nicht so hart zu dir", widersprach eine leise Stimme aus der Dunkelheit. Eine weiße Katze schritt aus einem der dunklen Gänge elegant auf Lisa zu. Sie war nicht sehr groß, hatte etwas längeres Fell und sanfte, lindgrüne Augen.

Lisa sah sich irritiert um und fragte dann die Katze: „Hast du das gerade gesagt?"

„Natürlich", antwortete die Katze auf telepathische Weise. Ihre Gedanken waren so klar

und deutlich von Lisa zu hören, als wenn sie wirklich sprechen würde. Lisa erinnerte sich an diese Katze. Es war dieselbe, die sie auf der einsamen Insel gesehen hatte. „Wer bist du?" fragte Lisa erstaunt.

„Ich bin deine Kraft. Ich bin der Neubeginn, ich bin die geistige Kraft, die dir beisteht. Ich bin Bewusstheit, Heilung und Lebenswille. Ich wandere zwischen den Welten und bin ein Lehrer, auch für deine Seele, die mich schon immer wahrgenommen hat. Ich bringe Freiheit und Unabhängigkeit. Ich bin ein Meister der Widersprüchlichkeit und beschütze dich vor Eindringlingen, die dich manipulieren wollen. Ich bringe Selbstvertrauen, damit du deinen Weg selbst-bestimmend gehen kannst."

„Du meinst, ich habe noch eine Chance dazu?" wollte Lisa wissen. Die Katze strich um Lisas Beine und antwortete: „Wenn du sie dir einräumst."

„Wie heißt du?" Lisa streichelte die Katze, sie spürte das seidige Fell unter ihren Handflächen und die starke Energie, die von ihr ausging.

„Ach, die Menschen geben uns putzige Namen wie Schmusi, Tapsi, Polly oder einfach Mieze. Ich bevorzuge Lilli. Doch nun zu dir. Was glaubst du ist dein Problem?"

Lilli sprang Lisa auf den Schoß und machte es sich bequem. Lisa begann zögerlich zu sprechen: „Nun gut, Lilli. Ich weiß einfach nicht, was richtig ist. Auf der einen Seite glaube ich, dass ich nur so handeln konnte, wie ich es getan habe. Auf der anderen Seite habe ich dadurch etwas ausgelöst, was ich so nicht gewollte habe. Am liebsten wäre es mir, wenn ich alles ungeschehen machen könnte. Und dann schäme ich mich, weil ich so voller Selbstmitleid bin und mir Gedanken darüber mache, ob ich jemals wieder tanzen kann, statt mich um Tom zu sorgen. Wie ein dunkler Schleier liegt da noch etwas im Verborgenen, was ich nicht sehen kann und ich fühle, dass es wichtig ist, mich zu erinnern. Gleichzeitig habe ich Angst davor."

Lilli begann zu schnurren und Lisa schloss ihre Augen. Das Schnurren beruhigte sie sehr und ließ ihren Geist zur Ruhe kommen. Schließlich war es still in ihr und sie konnte eine Stimme hören, die bisher unhörbar und tief in ihr verborgen gewesen war: „Du bist eine Hüterin des Lichts und bist frei und unabhängig. Folge dem Weg deiner Seele. Du bist frei, frei auf ewig!"

Lisa hörte nur noch diese Sätze, wie in einer Endlosschleife wiederholten sie sich immer wieder. Sie ließen keinen Platz mehr für Zweifel und

Widersprüche. Die Worte durchdrangen den Schleier des Vergessens und der Dunkelheit.

Als Lisa die Augen öffnete, war ihre Erinnerung an ihr Leben klar und gegenwärtig. „Ich weiß jetzt was passiert ist. Der Unfall war kein Unfall, es war Absicht. Tom sah keinen anderen Ausweg. Es tut mir unendlich leid, dass Tom tot ist, und ich bin mitverantwortlich für das, was geschehen ist. Aber ich bin nun überzeugt, dass ich mich so entscheiden musste und auch Tom hatte die Wahl. Ich dachte ich liege im Koma, weil wir diesen Unfall hatten. Aber ich war nicht mehr im Wagen, als Tom gegen den Baum fuhr. Es ging alles so furchtbar schnell. Manchmal hat man nur den Bruchteil einer Sekunde, um sich zu entscheiden. Und etwas in mir rief: „Spring!"

Ich weiß jetzt auch, dass Toms Seele mich nach diesem Unfall verfolgte und mir immer wieder Schuldgefühle eingeredet hat. Ich war wie betäubt. Da war keine Freude mehr in mir, obwohl ich wieder singen und tanzen konnte. Ich schaffte es eine Zeitlang mich abzulenken. Aber wenn ich allein war, drängte sich Tom in meine Gedanken. Er verfolgte mich, erst in meinen Träumen und als ich keine Träume mehr hatte, tauchte er wie aus dem Nichts in meinem Leben auf. Ich hatte keine Kraft mehr und konnte mich nicht dagegen wehren.

Schließlich dachte ich, ich würde verrückt werden. Ich wollte doch nur wieder Ruhe und Frieden finden. Aber ich habe den Frieden noch immer nicht gefunden, noch nicht einmal hier. Ich bin so wütend. Wütend auf Tom und auf mich, weil ich das alles zugelassen habe."

Lilli beobachtete Lisa eine Weile, dann sagte sie: „Die Energien des irdischen Lebens sind für dich nur sehr schwer zu ertragen, zu stark sind die dunklen Emotionen. Das hast du schon als Tatjana erfahren und nun als Lisa. Da man aber niemals davonlaufen kann, hat dich das Schicksal wieder an diese Schwelle geführt. Als Tatjana konntest du mich - deine Kraft - noch nicht annehmen. Dadurch fehlte dir deine Macht und deshalb der Mut, durch dein Leid hindurch zu gehen, um zu deinem wahren Selbst zu finden.

Die Wahrheit ist, dass du eine unsterbliche Seele bist. Die Wahrheit ist auch, dass du vollkommen, machtvoll und liebevoll bist. Manches hast du einfach nur vergessen, doch du hast es gesehen! Denn du bist auch die Hohepriesterin, die dir gezeigt hat, wozu du fähig bist. Aber es sind nur leere Worte, wenn du es nicht fühlen und nicht glauben kannst.

Emotionaler Stress erzeugt Blockaden und diese behindern dich. Wenn du deine Kraft annimmst, wenn du an dich glaubst und daran, dass du machtvoll bist, kannst du alle Widerstände überwinden. Dann kommst du wieder voran und verwandelst deine Ohnmacht. Du hast so viel erreicht, so viel gelernt. Du solltest dir genau überlegen, ob du so kurz vor dem Ziel aufgeben willst, um von vorne anzufangen. Der Weg mag dann ein anderer sein, aber er wird nicht leichter. Es ist deine Entscheidung. Ich kann dich zu nichts überreden, denn du bist frei. In Wahrheit sprichst du die ganze Zeit über nur mit dir selbst – mit deiner eigenen Kraft – die für kurze Zeit Gestalt angenommen hat. Deine Kraft steht dir zur Verfügung, wenn du bereit bist, dir anzusehen, was dich auf deinem Weg blockiert. Bist du bereit dazu?"

Lisa erinnerte sich, dass sie schon einmal hier gestanden hatte, als sie sich Tatjana nannte. Damals antwortete sie auf diese Frage mit einem Nein und verließ die Höhle, um irgendwann neu anzufangen. Aber jetzt war irgendwann! Und deshalb antwortete sie: „Ja, dieses Mal bin ich bereit dazu."

„Gut", antwortete Lilli. „Dann löse deine Blockaden auf, damit deine Lebensenergie fließen kann und du zur Wahrheit und deiner Bestimmung

findest. Folge deiner inneren Stimme und sieh dir an was geschieht."

Die roten Kristalle in der Höhle begannen zu leuchten und tauchten den Raum in ein tiefrotes Licht. Lisa hörte ein Trommeln aus den Tiefen der Höhle aufsteigen und sie ließ den Rhythmus auf sich wirken. Eine vibrierende Energie vom Mittelpunkt der Erde kam an die Oberfläche und veränderte das Bild, das Lisa bisher gesehen hatte. Die Höhle verschwand und Lisa schwebte jetzt über einem brodelnden Vulkan. Unter sich fühlte sie die glühende Hitze und um sie herum tanzten Bilder, die sie zutiefst erschreckten und panische Angst in ihr auslösten. Lisa sah all die furchtbaren Dinge, die auf der Erde geschahen, von Menschen verursacht, die von Gier, Hass und Wut geleitet wurden. Kriege und Grausamkeiten gegen die Menschen, die Tiere und die Natur verwandelten den Planeten in eine Hölle.

Eine Stimme tief in ihr meldete sich laut und klar: „Lass dich nicht hineinziehen in den Sog von Gewalt und Verderben. Sieh dir deine persönlichen Ängste an, denn dort beginnt alles. Jeder erschafft sich selbst seine eigene Hölle. Wovor hast du Angst? Sieh sie dir an, sie blockiert dein Urvertrauen. Lass sie los und übergib sie dem

Feuer der Erde. Lass los! Heile dich selbst, dann heilst du die Welt!"

Lisa schloss die Augen, so konnte sie den entsetzlichen Bildern entfliehen und sich ganz auf sich konzentrieren. Ihre persönlichen Ängste waren so vielschichtig wie die Bilder, die sie eben gesehen hatte. Angst vor Verlust, Tod, Einsamkeit, Krankheit, seelischen Verletzungen und vieles mehr. Weil in ihr diese Ängste lebten, zeigten sie sich in der Welt. Jeder einzelne trug dazu bei, dass es die Welt da draußen gab. Und deshalb konnte auch jeder bei sich selbst beginnen es zu ändern. Lisa erkannte ihre Unsterblichkeit und nichts konnte daran etwas ändern. Die größte Angst war die Angst vor dem Tod und die war nicht real. Lisa entließ ihre Ängste und übergab sie dem reinigenden Feuer.

Über ihr bildete sich eine Kugel aus silbernem Licht. Sanft senkte sich das Licht auf Lisa hinunter und durchdrang ihren lichten Körper. Das Licht heilte die Wunden, die durch Angst entstanden waren. Die Hitze des Feuers verwandelte sich in Herzenswärme, die heilt und nicht verbrennt. Nun war Platz für Vertrauen zu sich selbst und der Schöpferkraft. Alles was sie benötigte war bereits in ihr, und wartete darauf in Erscheinung treten zu dürfen. Lisa war bereit für den nächsten Schritt auf ihrem Weg.

Die Stimme meldete sich erneut: „Nur wer seine Freude lebt ist lebendig und kreativ. Gefühle wie Schuld blockieren deine Freude. Sieh dir an, was du anderen und vor allem dir nicht verzeihen kannst. Akzeptiere was geschehen ist und lass es gehen. Verzeihe!"

Der Vulkan verschwand und das rote Licht in der Höhle wurde von einem leuchtenden Orange abgelöst. Die Sonnensteine begannen aus sich heraus zu strahlen. Lisa stand plötzlich auf einem Hügel der von klarem Wasser umgeben war. Vor sich sah Lisa einen riesigen orangefarbenen Mond aufgehen, der sich im Wasser spiegelte.

Lisa fühlte sich mitschuldig an Toms Tod. Sie fühlte sich auch schuldig, weil sie auf Tom wütend gewesen war, der nur das Beste für sie gewollt hatte. Viele andere Dinge fielen ihr ein und um Lisa entstand eine klebrige schwarze Masse, die sie umklammerte und bewegungsunfähig machte. Sie konnte nicht unbelastet weitergehen, wenn Schuldgefühle sie daran hinderten. Tief in ihrem Herzen bat sie diejenigen um Verzeihung, die sie verletzt hatte und sie verzieh all denen, die ihr Schmerzen zugefügt hatten. Zuletzt verzieh sie sich selbst.

Die schwarze Masse veränderte sich und wurde zu einem bunten Regenbogen aus Licht. Aus ihm stiegen kleine bunte Blasen nach oben, die über Lisa zerplatzten. Dabei gaben sie einen blumigen Duft ab und Lisa erkannte, dass sich all ihre Schuld in Luft auflöste. Lisa spürte die Freude, die sie so lange nicht gefühlt hatte.

Erneut veränderte sich die Höhle und Lisa stand in einem Meer aus gelben Blumen. Strahlend gelbes Sonnenlicht umgab sie und ein seichter Wind ließ die Blumen tanzen.

Wieder meldete sich die Stimme: „Prüfe, ob du von dir selbst enttäuscht bist. Scham blockiert die Willenskraft und das Selbstwertgefühl. Sieh es dir an und dann akzeptiere wer du bist und nimm dich an."

Lisa erkannte, dass ihr die Kraft fehlte, die sie gerne gehabt hätte. Sie fühlte sich klein und unbedeutend, schwach und unwichtig. Sie hätte viele Male anders handeln können und doch hatte sie es nicht getan. Die Blumen um Lisa herum ließen ihre Köpfe hängen und begannen zu welken. Lisa begann zu weinen und kauerte sich auf dem Boden zusammen. Plötzlich setzte sich ein kleiner gelber Vogel auf ihre Schulter und trällerte ein so wundervolles Lied, so dass Lisas Tränen sofort versiegten. Dieser kleine Vogel zauberte ein

Lächeln auf ihr Gesicht. Er war so klein und so zerbrechlich und doch war er bedeutend und wichtig. Er sang nur für sie und heilte dadurch ihre Seele. Lisa erkannte, dass auch sie etwas zu geben hatte, etwas ganz besonderes. Sie akzeptierte, dass sie nicht stark sein musste und Fehler machen durfte. Eine schwere Last fiel von ihr ab. Kaum änderte sich Lisas Gefühl, erwachten die Blumen zu neuem Leben. Kurze Zeit später verwandelten sich die Blüten in gelbe Schmetterlinge und flogen davon.

Die Höhle veränderte sich erneut, als die Smaragde und die Rosenquarze zu leuchten begannen.

Die Stimme sagte: „Kummer blockiert die Liebe. Was macht dich traurig? Sieh dir deinen Kummer an, lass ihn von dir abfallen und lass los. Erkenne, dass die Liebe nie vergeht und immer wiedergeboren wird."

Lisa dachte an ihre Eltern und an Tom. Sie fühlte den Schmerz des Verlustes und das machte sie traurig. Aber dann fiel ihr ein, dass sie ihre Eltern hier wiedergetroffen hatte und sie spürte, dass sie Lisa über alles liebten. Sie hoffte, dass auch für Tom alles weitergehen und er eines Tages eine neue Liebe finden würde. Lisa ließ ihren Kummer los - die Liebe blieb. Ein Rosenduft erfüllte den Raum und Lisa spürte, dass ihr Herz jetzt frei war.

Wieder veränderte sich der Raum. Sie saß jetzt auf einer weichen Wolke, die von einem hellblauen Himmel umgeben war. Schwerelos schwebte Lisa im Raum.

Da war wieder diese Stimme, die nur zu ihr sprach: „Die Lüge blockiert die Wahrheit. Frage dich, wo du dich selbst belogen hast oder dich noch belügst. Und dann akzeptiere wer und was du bist."

Lisa lag entspannt auf der Wolke und betrachtete den blauen Himmel. Wie erkennt man eine Lüge und wie erkennt man, ob man sich selbst belügt? Diese Frage konnte sie nicht beantworten.

***

Etwas abseits vom bunten Treiben auf dem Marktplatz der alten Inka-Stadt gab es eine lange Steintreppe, die an den großen grünbewachsenen Terrassen der Stadt vorbeiführte. Steve und sein Großvater gingen langsam die Stufen hinunter und Steve war fasziniert von dieser Welt hoch oben in den Bergen. Am Ende der Treppe suchten sie sich einen Platz auf einer der üppigen grünen Weiden, auf denen einige Alpakas ruhten oder grasten. Steve und sein Großvater setzten sich und genossen den friedlichen Anblick. Ein riesiger Kondor segelte majestätisch über die grünen Berge hinweg. Steve fühlte Ehrfurcht und Liebe. Die Musik aus der Stadt war noch leise zu vernehmen, aber sie störte die Stille nicht, sie umschmeichelte die Sinne und passte hierher.

Steves Großvater lächelte: „Was wirst du tun?" Steve zuckte mit den Schultern und antwortete: „Es gibt so vieles, das ich noch nicht kenne. Nie hätte ich diese Welt hier für möglich gehalten und doch ist sie in diesem Moment für mich real. Und wenn ich ehrlich bin, möchte ich hier gar nicht wieder weg. Was, wenn auch Lisa so einen Ort gefunden hat? Was weiß ich wirklich über Lisa oder über einen anderen - ich weiß ja noch nicht einmal alles über mich!"

„Folge deinem inneren Weg und du wirst finden, wonach du suchst", sagte der alte Indianer. „Folge deiner Intuition. Ich werde dir helfen so gut ich es vermag. Wir sind durch ein geistiges Netz miteinander verbunden.

Eines muss ich dir noch mit auf den Weg geben. Vorhin haben wir über die kosmische Bestimmung mancher Menschen gesprochen. Die Tragweite einer solchen kosmischen Aufgabe kann beachtlich sein, auch wenn es nicht so aussieht. Was ich dir jetzt erzähle, wird für dich nicht leicht zu begreifen sein. Eines Tages aber wirst du es verstehen.

Es gibt auf der Erde Wesenheiten, die ursprünglich aus vollkommen anderen Sphären stammen. Sie haben zwar irdische Körper, aber sie sind nicht wie die Menschen Geistwesen, sondern es sind Lichtwesen. Sie sind in ihrer Entwicklung weit mehr als Geist, einige von ihnen haben menschliche und andere haben tierische Körper.

Viele dieser Lichtwesen in Menschengestalt vergessen vorübergehend ihren kosmischen Auftrag, weil sie sich in den menschlichen Verstrickungen verirrt haben. Sie fühlen, dass da etwas ist, was sie tun müssen, aber durch die niedrige irdische Schwingung geht viel Wissen verloren."

„Warum erzählst du mir das gerade jetzt? Ist Lisa so ein Lichtwesen?" wollte Steve wissen. Sein Großvater nickte: „Ja, auch Lisa ist ein Lichtwesen, das sich verirrt hat."

„Folge der Liebe...", sagte Steve nachdenklich. „Vielleicht soll auch sie sich daran erinnern, wer sie ist? Und wenn sie sich erinnert, wer sie ist, erinnert sie das an ihren kosmischen Auftrag. Ist es das? Soll Lisa die Menschen, die in Dunkelheit versunken sind, an die wahre, reine und uneigennützige Liebe erinnern?

Was, wenn wir alle nicht nur Geistwesen, sondern in Wahrheit Lichtwesen sind, die nur die Liebe vergessen haben? Ist Lisa deshalb auf der Erde? Soll sie uns erinnern, dass wir durch die Liebe von Geistwesen zu Lichtwesen aufsteigen können?"

Steves Großvater sagte daraufhin: „Deine Intuition spricht für dich. Und wenn sie sich daran erinnert, kann es sein, dass nichts anderes mehr Platz hat in ihrem Leben, als die Erfüllung ihrer höheren Bestimmung." Steve erwiderte: „Ich weiß. Mein Gott, was für eine große Aufgabe ist das, die Liebe zurück in die Herzen der Menschen zu bringen. Wie groß muss Lisas Seele sein!"

„Was für eine große Aufgabe ist es einem Lichtwesen zu helfen. Wie groß muss dann erst deine Seele sein" , gab sein Großvater zurück.

Steve wurde wie von einem Sog in seine Welt zurückgezogen. Er lag nun wieder in seinem Garten auf der Liege und spürte Regentropfen auf seinem Gesicht. Während er auf Reisen war, hatte sich der Himmel zugezogen und ein leichter Landregen hatte eingesetzt.

Steve sah wie eine kleine Schlange im Gebüsch verschwand. Er brauchte einen Moment um sich wieder zurechtzufinden, denn er hatte das Gefühl, er sei Tage fort gewesen. Ein Blick auf seine Armbanduhr verriet ihm, dass es nur eine halbe Stunde gewesen war.

In Gedanken versunken ging er ins Haus, machte sich einen Tee und setzte sich in seinen Lieblingssessel. Was war da gerade geschehen? Die Bilder von dem geheimnisvollen Ort wurden wieder lebendig, und die Nähe seines Großvaters war gegenwärtig. Das was er erlebt hatte, fühlte sich genauso real an, wie die Tasse Tee, die er gerade trank. Verschiedene Realitäten verschmolzen im Jetzt miteinander und real war das, auf das man seine Aufmerksamkeit richtete.

Sein Großvater hatte ihn gewarnt, dass selbst Lichtwesen sich in dieser Welt und in jenen Welten verirren konnten. Steve fragte sich, wie er die verschiedenen Realitäten auseinanderhalten konnte, wenn sie sich doch gleich anfühlten. Dieses Mal hatten ihn Regentropfen in seine irdische Welt zurückgebracht, aber darauf war schließlich kein Verlass. Träume waren auch sehr intensiv und die Seele war oft weit weg, trotzdem erwachte man immer wieder, auch aus den schlimmsten Alpträumen. Doch da waren auch noch jene

Menschen, die sich für immer in ihrer Fantasiewelt verloren hatten - ausgelöst durch Krankheiten oder Drogen. Woher wusste er eigentlich, dass er nicht gerade jetzt irgendwo auf einem anderen Planeten in einem Sessel saß, eine Brille trug und sich in einer Computerrealität befand? Wer sagte ihm, dass seine Welt real war?

Der schrille Ton des Telefons riss Steve aus seinen Überlegungen. Es war Janet. „Hallo Steve - stell dir vor, ich habe Carol gefunden!"

Steve war vollkommen überrascht und machte sich umgehend auf den Weg ins Krankenhaus. Dort angekommen suchte er Torstens Büro auf, weil Janet dort mit Carol auf ihn warten wollte. Nach einer kurzen Begrüßung sagte Carol zu Steve: „Ich wusste nicht, dass mich jemand suchte. Janet hat mich heute zufällig in Lisas Zimmer gesehen und wir kamen ins Gespräch. Ich kenne Lisa seit etwa fünf Monaten. Wir trafen uns in einer Selbsthilfegruppe, die ich damals besuchte. Lisa war allerdings nur ein einziges Mal da. Die Gruppe war für Menschen eingerichtet worden, die Angehörige verloren hatten und jemanden zum Reden brauchten. Lisa aber hatte bereits nach ihrem ersten Besuch gemerkt, dass ihr das nicht helfen konnte. Da wir beide unsere Partner verloren hatten und wir uns auf Anhieb mochten, sind wir nach der

Sitzung noch zusammen in ein Lokal gegangen. Dort haben wir uns dann einmal im Monet getroffen. Nachdem sie gestern Abend nicht gekommen war, habe ich heute bei ihr angerufen und eine Frau Stone hat mir erzählt, was geschehen war. Ich bin dann sofort hierher gefahren. Bei Ihnen hätte ich mich auch noch gemeldet, weil Frau Stone mir Ihre Telefonnummer gegeben und gesagt hat, Sie möchten sicher mit mir sprechen."

„Ich danke Ihnen sehr", erwiderte Steve. „Ein Teil des Puzzles wäre damit geklärt. Ich habe einen angefangenen Brief gefunden, der an eine Carol gerichtet war, konnte aber keine Adresse dazu finden. Hat Lisa Ihnen regelmäßig geschrieben?"

Carol schüttelte den Kopf. „Nein. Wir hatten abgemacht, dass sie ihre ungewöhnlichen Erlebnisse notiert und wir dann bei unserem Treffen darüber sprechen würden. Sie notierte Ereignisse mit Datum und Uhrzeit. Und anstelle *Liebes Tagebuch* schrieb sie immer *Liebe Carol*, weil sie es mir ja immer zum Lesen mitbrachte. Sie wollte mit jemandem reden, der wusste, wovon sie sprach. Sie hatte wirklich sehr bizarre Erlebnisse, und da ich mich mit Parapsychologie beschäftige, waren mir diese Dinge bekannt. Ich versuchte ihr klarzumachen, dass sie sich nur von Tom befreien konnte, wenn sie ihre Schuldgefühle überwinden würde. Sie versprach deswegen einen Psychologen aufzusuchen."

„Können Sie mir sagen, was für bizarre Erlebnisse das waren? Vielleicht finden wir dann den Grund für ihr Verhalten." Steve sah Carol erwartungsvoll an.

„Natürlich", antwortete Carol und überlegte einen Moment, dann fuhr sie fort: „ Sie hatte immer das Gefühl, dass Tom nicht wirklich weg war. Sie sprach davon, dass sie manchmal nachts aufwachte, weil sie das Gefühl hatte, eine kalte Hand greife nach ihrem Herzen. Manchmal wachte sie auch auf, weil der Kassettenrekorder von alleine ansprang und sie sein Lied hörte. Und das, obwohl sie sicher war, die Kassette abends weggelegt zu haben. Sie war völlig verunsichert.

Ich riet ihr eine Kamera aufzustellen - was sie auch tat. Sie bestätigte mir, dass sie es selbst war, die die Kassette wieder einlegte, denn sie schlafwandelte. Allerdings blieb ungeklärt, warum der Kassettenrekorder von allein ansprang, denn zu dem Zeitpunkt schlief sie bereits wieder. Der Spuk war vorbei, nachdem sie sich eine Schüssel mit Wasser vor das Bett gestellt hatte. Als sie hineintrat, wachte sie auf und danach schlafwandelte sie nie wieder.

Oft sprach sie von einer eisigen Kälte in ihrem Zimmer. Die einzige Blume, die nicht sofort verwelkte, war eine Topfpflanze , die sie von Tom bekommen hatte.

Da sie wieder tanzte, hatte sie auch wieder einen neuen Partner. Am Anfang dachte sie, der Neue sei ein Tolpatsch, weil so viel schief lief. Er stolperte aus unerklärlichen Gründen, verletzte sich ständig oder ihm blieb die Stimme weg, weil er immer wieder Kehlkopfentzündungen hatte. Aber auch Lisa wurde immer häufiger krank. Da es ihrem neuen Partner hervorragend ging, wenn sie nicht dabei war, kam ihr der Verdacht, dass sie entweder verflucht war oder Tom etwas mit den Vorfällen zu tun haben könnte. Um ihren Partner zu schützen, ließ sie sich aus persönlichen Gründen beurlauben.

Sie liebte das Wasser - Tom hatte früher ein Motorboot, mit dem beide öfter unterwegs gewesen waren. Gerade am Meer spürte sie seine Präsenz und die Kälte um sich herum besonders stark. Einmal habe ich selber erlebt, wie es an unserem Tisch im Lokal eisig kalt wurde und ich plötzlich keine Luft mehr bekam. Und zwar in dem Moment, als ich Lisa vorschlug, dass sie Tom loslassen und er aus ihrem Leben verschwinden müsse. Ich kann mich auch erinnern, dass der letzte Brief, den Lisa mir mitbrachte, etwas eigenartig war. Die Schrift veränderte sich, wurde unleserlich und Lisa sagte mir, sie könne sich nicht daran erinnern, das überhaupt geschrieben zu haben."

Steve suchte in seiner Jackentasche nach dem Brief, den er in Lisas Zimmer gefunden hatte und gab ihn Carol. „War das so wie bei diesem?" wollte er wissen. Carol nahm den Brief und las ihn aufmerksam durch. Dann antwortete sie: „Ja, die Schrift veränderte sich stark und war dann schließlich gar nicht mehr zu lesen. Es kann sein, dass Tom versucht hat, Kontrolle über ihren Geist auszuüben. Wir haben uns mehrmals über den damaligen Unfall unterhalten. Tom war furchtbar wütend, weil sie seinen Heiratsantrag abgelehnt und sich von ihm getrennt hatte. An den Unfallhergang konnte sie sich nicht mehr erinnern, aber sie vermutete, dass er sie beide töten wollte. Aber wirklich glauben wollte sie das nicht. Sie sagte immer wieder, dass Tom so etwas nie getan hätte. Aber sie hatte ihn auch noch nie so wütend erlebt. Er war ihr plötzlich fremd geworden.

Wenn ich mir den Brief so ansehe, dann ist es durchaus möglich, dass er so besessen von ihr war, dass er sie auch nach seinem Tod noch besitzen wollte. Und er hat offensichtlich einen Weg gefunden zu ihr durchzudringen. Ich kann nicht glauben, dass Lisa wirklich versucht hat sich umzubringen. Allerdings war ihr alles inzwischen zu viel geworden. Vielleicht hat sie aus Versehen eine Überdosis Tabletten genommen, immerhin hatte sie schwere Schlafprobleme und sie sagte oft, sie wolle endlich ihre Ruhe haben. Die andere Möglichkeit wäre, dass Tom Besitz von ihr ergriffen hätte und es sein Einfluss gewesen wäre. Immerhin konnte sie sich ja auch nicht erinnern Teile des Briefes geschrieben zu haben. Ich hoffe, er findet eines Tages seinen Frieden."

Steve nickte und sagte leise: „Er hat seinen Frieden gefunden, da bin ich ganz sicher."

***

Lisa fragte sich gerade, was die Wahrheit hinter der Lüge war, da tauchte am Himmel ein Clown auf, der wie Lisa auf einer Wolke lag. Neugierig setzte Lisa sich auf und der Clown machte dasselbe. Sie winkte, er winkte zurück. Was auch immer Lisa tat, der Clown machte es ihr nach. Erst fand sie das komisch, doch mit der Zeit wurde sie wütend, denn sie wusste nicht, was der Clown ihr damit sagen wollte. Sie sprang auf, fuchtelte mit den Armen und wollte, dass der Clown verschwand. Aber der Clown tat nur, was auch sie tat.

Schließlich war ihre Wut verraucht und Lisa setzte sich wieder auf die Wolke. Sie beobachtete den Clown, der sich ebenfalls setzte und sie neugierig musterte.

Sie musste nachdenken. Sie hielt Clowns für ein Symbol der Lüge, denn sie gaukelten den Menschen etwas vor, was nicht wirklich war. Hinter ihren Masken konnten sie sich verstecken, niemals zeigten sie ihr wahres Gesicht.

Lisa waren nach dem Tod ihrer Eltern viele Menschen begegnet, die ihr wahres Ich verbargen. Sie schienen freundlich und liebevoll zu ihr zu sein und doch wollten sie nur an Lisas Erfolg teilhaben, von ihrem Vermögen profitieren oder sie übervorteilen.

Der Clown da oben am Himmel imitierte Lisa perfekt, und dadurch zeigte er ihr ihr Spiegelbild. Was, wenn er ihr dadurch vermitteln wollte, dass Gleiches Gleiches anzog? Lisa erinnerte sich an die Zeit, als sie betrogen wurde und fragte sich was in ihr war, das in Resonanz mit Betrug und Lüge ging. Sie hätte es damals niemals für möglich gehalten, dass ihr so etwas passieren könnte. Sie ging immer offen und ehrlich mit ihren Mitmenschen um, Verhaltensweisen wie Betrug und Lüge waren ihr fremd. Warum also hatte sie in ihrem Leben solche Erfahrungen machen müssen?

Wenn es keine karmischen Gründe waren, dann konnte das nur bedeuten, dass sie sich selbst belog und ihr das Leben genau das zeigen wollte.

Sie betrachtete den Clown und als sie ihn anlächelte, lächelte er zurück. Sie erkannte, dass die Masken ihrer Clown-Puppen nur eine Momentaufnahme des Lebens darstellten. Das Leben war aber keine starre Maske, es war Freude und Leid, Veränderung und Lebendigkeit.

Ihr wurde plötzlich klar, dass sie sich um ihr Leben betrogen hatte. Sie begeisterte die Menschen, weil sie ein perfekter Handwerker war. Aber tatsächlich war sie nichts anderes als ein Clown. Niemand sah ihre Seele, sie spielte die von ihr erwarteten Rollen. Tanzen und Singen war ihr Leben, sie liebte es zu zeigen, was sie konnte. Im Vergleich zu anderen war sie die Beste. Aber sie konnte sich nur vergleichen, weil schon hunderte vor ihr dieselben Rollen getanzt hatten. Sie hatte immer nur nachgemacht, aber es war nichts kreativ Neues. Es waren alte Rollen in einem neuen Kleid.

Sie hatte ihre Träume und Visionen vergessen, die ihr einmal sehr wichtig gewesen waren, als sie noch wohlbehütet und unbelastet war. Sie wollte mit ihrem Talent etwas bewegen und neue Projekte verwirklichen - sie wollte die Menschen begeistern und ihre Seele berühren. Um das zu erreichen, musste Lisa aber erst ihre eigene Maske ablegen und ihre Seele offenlegen.

Kreativität, Inspiration und Individualität machten das Besondere aus. Dafür musste man nicht die Beste sein, denn dann war man einzigartig. Das war die Wahrheit hinter der Lüge.

Sie sprang auf, riss die Arme in die Luft und rief freudig: „Jetzt bin ich bereit zu dem zu werden, der ich in Wahrheit sein kann." Und der Clown verschwand.

Lisa stand plötzlich auf einer runden Plattform, die frei in einem tiefblauen Weltraum zu schweben schien. Um sie herum blinkten zahllose Sterne und sie war vollkommen allein. Lisa befürchtete, sie könnte von dieser Plattform ins Nichts fallen und wünschte sich mehr Halt. Der Rand der Plattform begann zu vibrieren und goldene Gitterstäbe wuchsen um Lisa herum bis weit über ihren Kopf hinaus, wo sich der Käfig zu einer runden Kuppel schloss.

Und dann hörte sie wieder die ihr inzwischen vertraute Stimme:„Prüfe, ob deine Sinne dich nur täuschen und dich in eine Welt der Illusion entführen. Nur was du durch dein inneres - drittes Auge - siehst, führt zu Selbsterkenntnis und Einsicht. Vertraue immer deiner Intuition."

Intuitiv wusste Lisa sofort, warum sie sich in dieser misslichen Lage befand. Sie hatte es selbst heraufbeschworen, als sie dem Clown zurief, dass sie nun bereit sei, zu dem zu werden, der sie in Wahrheit sein könne. Denn durch die Katze wusste sie ja bereits, dass sie in Wahrheit frei war. Ihr standen alle Möglichkeiten des Universums offen. Aber statt diese unendlichen Möglichkeiten zu nutzen, hatte sie nur Angst, deshalb erschuf sie sich einen goldenen Käfig. Nun fühlte sie sich zwar sicher, war aber von allem getrennt.

Sie erkannte, dass die größte aller Illusionen die Trennung war, denn sie wurde durch Angst erzeugt. Alles war miteinander verbunden und niemand war von seinem Glück getrennt. Lisa musste es nur zulassen. Sie schloss die Augen und sah vor ihrem geistigen Auge ein schemenhaftes Märchenschloss mit unzähligen kleinen Türmchen.

Als sie die Augen öffnete, war der goldene Käfig verschwunden, und sie trat an den Rand der Plattform. Dann sprang sie voller Vertrauen in die Tiefe.

Einige Zeit später landete Lisa sanft auf einer Wiese in einem Park, der zu einem wunderschönen Schloss gehörte, das sie in der Ferne erblickte. Die Wiese war über und über mit violetten Blumen bepflanzt. Auch die Bäume blühten und ihre lila

Blüten regneten auf Lisa herab. Glitzernde Lichter tanzten um sie herum und ein betörender Duft breitete sich aus.

Lisa gefiel was sie sah, denn es war traumhaft schön und sie fühlte sich leicht und beschwingt. Sie wusste einfach, dass sie irgendwann ihr ganz persönliches Heim finden würde. Es würde nicht so aussehen wie dieses hier - es wäre kein Märchenschloss, aber auch kein goldener Käfig. Es würde das sein, was sie glücklich machen würde. Es lag in ihrer Macht und der Anfang war getan.

Um Lisa herum löste sich alles auf. Lisa hatte keine Angst mehr. Für den Moment hatte sie alles Irdische losgelassen und fühlte eine kosmische Verbindung zu allem was existierte. Lisa stand in einem strahlend weißen Licht und ihr Körper leuchtete golden. Sie spürte, dass sie von unendlich vielen Lichtwesen umgeben war, die eins mit ihr waren und doch waren alle auch eigenständige Wesenheiten. Lisa erfuhr, dass jedes Lichtwesen einen kosmischen Namen hatte, der die Schwingung des Lichtwesens beschrieb, der diesen Namen trug. Lisas kosmischer Name war Saphira, er bedeutete Sieg über alle Hindernisse. Endlich wusste sie, wer sie in Wahrheit war. Und es fühlte sich großartig an. Hier war sie zuhause.

Die Liebe der hier versammelten Lichtwesen galt der mächtigsten Wesenheit in ihrer Mitte - der Hüterin der Erde.

***

„Steve!" Janet versuchte zu Steve durchzudringen. Aus irgendeinem Grund stand er plötzlich regungslos da und blickte teilnahmslos ins Nichts. Es mag nur wenige Minuten gedauert haben, aber Carol und Janet kam es unendlich lange vor. Inzwischen war auch Torsten ins Zimmer gekommen und auch er sah, dass mit Steve etwas nicht stimmte.

So plötzlich wie dieses Phänomen aufgetreten war, war es auch wieder vorbei. Steve sah sich irritiert um. Er fragte sich, wo denn Torsten so plötzlich hergekommen war.

Janet sagte: „Du hast uns erschreckt. Du warst minutenlang geistig abwesend. Ich habe deinen Namen gerufen, aber du hast nicht reagiert. Was war denn nur los?"

Noch etwas benommen murmelte Steve leise: „Saphira..."

Nach einer kurzen Pause sprach er weiter: „Ich hatte wieder eine Vision. Aber so habe ich das noch nicht erlebt. Es war ein eigenartiges Gefühl. Ich stand in einem hellen Licht und fühlte viele Wesenheiten um mich herum. Aber das war nicht ich. Ich sah es durch Lisas Augen und ich fühlte wie sie, wir waren wie eine Wesenheit. Ich fühlte Vollkommenheit durch ihre Gegenwart. Und plötzlich wusste ich, wer sie wirklich war. Ihr Name ist Saphira - sie ist..." Steve schluckte und machte ein kleine Pause. „...ein Engel. Und das meine ich tatsächlich so. "

Eine Weile schwiegen alle und versuchten die Worte zu begreifen.

Schließlich brach Janet das Schweigen: „Ihr müsst eine viel stärkere Verbindung haben, als wir bisher dachten. Visionen wie diese können einen schon durcheinander bringen. Es könnte sein, dass du gerade deiner Zwillingsseele begegnet bist."

„Was ist meine Zwillingsseele?" wollte Steve wissen. Janet erklärte: „Deine Zwillingsseele ist dein Seelenpartner. Ihr habt denselben Ursprung und zusammen seid ihr Yin und Yang - ihr seid einfach eins – sie ist deine fehlende Hälfte. Und für einen Moment hast du das gespürt.

Es heißt, dass jeder eine Zwillingsseele hat. Allerdings begegnen sich Zwillingsseelen nicht immer in ihren irdischen Leben, denn manchmal ist eine so tiefe Verbindung für das spirituelle

Weiterkommen auch hinderlich. Sie treffen aber immer irgendwann aufeinander – spätestens in der höheren Schwingungsebene aus der sie kommen. Es ist eine Seelenverbindung und deshalb ziehen sie sich magisch an."

„Wenn aber ich der Seelenpartner von Lisa bin, welche Bedeutung hatte dann Tom?" fragte Steve.

Janet antwortete: „Für eine bestimmte Zeit war ihre Beziehung sicherlich notwendig, weil Lisa etwas lernen wollte, was bei einem Seelenpartner nicht möglich gewesen wäre."

Steve schüttelte den Kopf: „Trotzdem kann ich unmöglich ihr Seelenpartner sein. Ich habe deutlich wahrgenommen, dass sie ein Engel ist. Wenn wir Zwillingsseelen wären und aus derselben spirituellen Ebene kämen, dann müsste ja auch ich ein Engel sein. Und das bin ich ganz bestimmt nicht!"

Janet lachte und erwiderte: „Es gibt viele verschiedene Arten von Lichtwesen - du müsstest nicht zwangsläufig ein Engel sein. Es gibt unter den Lichtwesen Weise, Sternenkinder, Wächter, Hüter, Heiler und viele mehr. Sie sind in ihrem Bewusstsein so hoch, dass sie dem Licht zuzuordnen sind und ihre wahre Welt ist die Lichtsphäre. Manche kommen auf die Erde und werden als Menschen geboren, um auch denen zum Licht zu verhelfen, die diese Ebene noch nicht erreicht haben. Leider ist die Energie auf der Erde so niedrig, dass viele ihre wahre Natur vergessen.

Eines ist jedenfalls sicher, wenn Lisa ein Engel und deine Zwillingsseele ist, dann bist auch du auf derselben Lichtebene zuhause wie sie. "

Steve fiel ein, was sein Großvater zuletzt zu ihm gesagt hatte. Steve hatte die Worte gar nicht wirklich realisiert, aber jetzt ergaben sie einen Sinn. Vielleicht wollte ihm sein Großvater klar machen, dass auch er ein Lichtwesen war.

Steve sah die Anwesenden im Raum plötzlich mit anderen Augen, so als würde er sie zum ersten Mal sehen. Was wäre, wenn es viel mehr von ihnen gäbe, als er dachte. Wie viele Menschen, denen er tagtäglich begegnete, waren in Wirklichkeit Lichtwesen oder Engel?

Carol fand das alles sehr aufregend, aber da sie noch eine Verabredung hatte, verabschiedete sie sich und bat darum, sie auf dem Laufenden zu halten. Als sie fort war, erfuhr Torsten, was Steve und Janet von Carol erfahren hatten. Außerdem erzählte Steve von seinem Erlebnis am Nachmittag.

Torsten fragte ihn: „Willst du tatsächlich versuchen Lisa in ihrer Welt zu finden?"

Steve nickte: „Ich war mir bis vorhin nicht sicher, aber als ich diese Vision hatte, änderte sich das. Ich bin sicher, dass ich sie finden werde, denn wir sind eins. Aber ich muss damit rechnen, dass Lisa nicht wieder zurück will. Der Wunsch dort zu bleiben, wo man zuhause ist, kann übermächtig sein.

Ich darf sie nicht überreden - ich darf aber ein Licht auf ihrem Weg sein."

***

Lisa war wieder in der Höhle. Sie saß auf einem leuchtend blauen Saphir und erinnerte sich. Sie hatte dort im Lichtkreis gestanden und für einen Moment die Gegenwart eines ganz besonderen Wesens gespürt. Tiefe Liebe, absolutes Vertrauen und Vollkommenheit berührten für einen Moment ihre Seele.

Sie war von der Liebesenergie aller anwesenden Lichtwesen so ergriffen, dass sie sich fragte, wie sie nur auf die irrsinnige Idee gekommen war, diesen Kreis des Lichts zu verlassen. Wie konnte sie nur das Licht gegen ein Leben auf der Erde eintauschen? Wenn sie wirklich die Wahl hatte, dann wollte sie zurück zu den Lichtwesen, denn da war sie zuhause.

„Ich kann verstehen, wenn du dorthin zurück möchtest." Lilli machte es sich auf Lisas Schoß bequem. *„Aber du solltest wissen, dass es dein Wille war, auf die Erde zu gehen", fuhr Lilli fort. „Du wolltest es. Und ich bin sicher, du verstehst deine Entscheidung, wenn du die ganze Geschichte kennst. Du hast selbstverständlich das Recht in deine Lichtebene zurückzukehren - es ist deine Entscheidung. Aber du bist jetzt schon so weit gegangen, willst du wirklich stehenbleiben? Willst du nicht wissen, warum du den irdischen Weg überhaupt gegangen bist? Interessiert es dich nicht, was geschieht, wenn du jetzt die Erde verlässt?"*

Lisa war sich nicht sicher, ob sie das wirklich wissen wollte. Die Erde und das Leben dort war im Moment so weit weg - sie hatte alles hinter sich gelassen - sie war endlich frei. Da war kein Schmerz mehr, keine Angst und keine Sehnsucht. Da war nur noch Liebe.

Das erinnerte Lisa plötzlich daran, dass ihre Liebe in dem Lichtkreis der Hüterin der Erde galt. Sie alle hatten sich versammelt, weil die Erde sie darum gebeten hatte.

Lisa seufzte: „Also gut. Du hast recht. Ich muss die Wahrheit wissen, sonst kann ich keine Entscheidung treffen."

Um Lisa herum wurde alles schwarz, nur der blaue Saphir, auf dem sie saß, blieb konstant und hüllte Lisa in dunkelblaues Licht ein. Lilli war verschwunden und Lisa wartete auf das, was geschehen würde.

Schließlich formte sich vor ihren Augen eine leuchtende Kugel, einer Sonne gleich. Weitere Kugeln erschienen und umkreisten die Sonne. Lisa erkannte, dass sie Zeuge wurde, wie das Sonnensystem entstand, in dem die Erde zuhause war.

Nach einer Weile waren alle Planeten und Monde an ihrem Platz und Lisa sah Lichtwesen, die sich um die Erde platzierten und ihr Energie schickten. Sie halfen ihr, sich zu entwickeln und zu gedeihen. Auch Lisa wurde in den Lichtkreis gezogen, denn sie war ein Teil dieser Gemeinschaft. Die Hüterin der Erde hielt diese Gemeinschaft zusammen und war der Mittler zwischen ihnen und Mutter Erde.

Lisa erfuhr, dass sich Mutter Erde - in ihrer grenzenlosen Güte und Liebe - vor langer Zeit bereit erklärt hatte, den Menschen ein Zuhause zu geben, und sie auf sich leben zu lassen. Sie gab ihnen Luft zum atmen, Wasser zu trinken, Früchte zu essen und einen Platz, um sich entwickeln zu können. Die Erde wollte mit den Menschen in

Harmonie leben. Sie sollten Hüter und Bewahrer der Tiere, Pflanzen und Meere sein, das war ihr sehnlichster Wunsch und so war es den Menschen bestimmt.

Eine Zeitlang ging es auch gut, doch dann vergaßen die Menschen, dass sie nur Gast auf diesem wunderschönen Planeten waren.

Niemand sprach mehr mit ihr, niemand nahm sie als lebendiges Wesen wahr. Die Menschen beuteten sie aus, vernichteten ihre Wälder, vergifteten ihr Wasser, ihre Erde und die Luft. Sie hatten keine Achtung vor ihr und missbrauchten ihre Großzügigkeit.

Weil die Menschen so dachten wie sie dachten und so fühlten wie sie fühlten, säten sie das, was dann geschah.

Es war nicht nur das Handeln, das die Erde zu vernichten drohte. Der Ursprung allen Übels war schon das Denken und Fühlen dieser Spezies. Die Menschen fühlten sich von allem getrennt, so dass sie die Natur nur als Gefahr ansahen. Und alles, was sie für gefährlich hielten, wurde vernichtet. Und das, was nicht kontrolliert werden konnte, wurde als gefährlich eingestuft. Ihre negativen Gedanken führten zu negativen Emotionen und diese machten die Erde zu einem gefährlichen Ort.

Statt sanfte Töne und harmonische Schwingungen zu erzeugen, wirkten die negativen Emotionen auf einer unsichtbaren Ebene wie Giftpfeile, Blitze und scharfe Messer. Aber die Menschen verstanden nicht, dass sie die Verursacher einer Krankheit waren, die sie `das Böse´ nannten. Schließlich waren alle infiziert und nichts konnte mehr in Harmonie schwingen, die Energien preschten nur noch gewaltsam voran.

Und so konnten Veränderungen nicht mehr langsam und gefahrlos erfolgen, sondern sie traten plötzlich und gewaltsam auf. Diese niedrige Schwingung lag über der Menschheit wie eine undurchdringbare Wolke, und ihre Energie war nicht mehr in Resonanz mit der Schwingung von Mutter Erde, die durch die positive Kraft der Lichtwesen gespeist wurde. Leider konnte diese liebevolle Schwingung die Menschen nicht mehr erreichen und so wurden sie nicht nur von Mutter Erde getrennt, sondern auch von der lichten Energie der höheren Sphären.

Trotzdem wollte Mutter Erde den Menschen noch eine Chance geben. Sie hoffte, dass sich durch eine geänderte Ausrichtung der Gedanken und Emotionen auf Liebe und Harmonie, die Schwingung der Menschen erhöhen könnte.

Mutter Erde beriet sich mit ihrer Hüterin und diese überbrachte den Engeln eine Botschaft. Sie bat sie, auf die Menschen zuzugehen und Liebe, Güte und Freude zu säen. Dadurch, so hoffte sie, würden sich die Emotionen der Menschen ändern und aus Vandalen liebevolle Wesen werden. Denn so wie sie waren, wurden sie zu einer Gefahr für die Erde.

So mancher Engel war damals dem Ruf der Erde gefolgt, denn sie sahen den Schmerz dieses blauen Planeten. Sie inkarnierten deshalb in menschlichen Körpern auf der Erde und mischten sich unter die Menschen, um sich mit ihnen vertraut zu machen und das Licht direkt zu ihnen zu bringen.

Lisa gehörte ebenfalls dazu, doch sie alle waren nicht darauf gefasst gewesen, was sie auf der Erde erwarten würde. Die Inkarnationen, die nötig waren, um genügend Menschen zu erreichen, damit die Schwingung sich erhöhen konnte, machte die Engel müde, und das Licht in ihnen wurde schwächer. Dadurch wurden auch sie anfällig für die Krankheit und mit der Zeit verloren viele ihre Anbindung an die lichte Ebene und ihre spirituellen Helfer und Verbündete. Sie vergaßen wer sie waren, und sie verirrten sich in dem Kreislauf von Leben und Tod.

Einige Engel vergaßen nicht wer sie waren, aber sie gaben auf und zogen sich in ihre Lichtsphäre zurück, um von dort den Kontakt zu den auf der Erde verbliebenen Engeln zu halten, damit sie sich wieder erinnern konnten.

Zu diesen Engeln auf der Erde gehörte auch Lisa. Da sie sich nun erinnert hatte, wer sie war, konnte sie eine Entscheidung treffen. Würde sie, wie viele vor ihr, in die Lichtsphäre zurückkehren oder ihre Aufgabe auf der Erde weiter verfolgen?

Was würde geschehen, wenn auch sie aufgäbe?

Wie dunkle Wolken, die durch einen Sturm getrieben wurden, veränderte sich alles um Lisa herum. Im Zeitraffer eilten die Geschehnisse voran, zu schnell, um Einzelheiten zu erkennen.

Nach einer Weile schließlich verlangsamte sich die Bildabfolge, und Lisa konnte die klaren Bilder einer nicht mehr fernen Zukunft sehen.

Sie sah eine Welt, die in Aufruhr war. Die Erde stöhnte und ächzte unter der Last der negativen Emotionen, der Kriege und der Zerstörungswut der Menschheit. Die Erde als lebendiges Wesen hatte alles versucht sich bemerkbar zu machen und die Energien zu verändern, sie hatte sogar die Engel mobilisiert. Doch nichts hatte geholfen.

Als schließlich auch die Mächtigsten ihrer Verbündeten - die Engel der Liebe - die Erde verließen, weil sie nicht mehr die Kraft hatten, genügend Menschen zu überzeugen, hatte die Erde keine andere Wahl mehr, als selbst einen Weg zu finden, um sich zu retten. Die wenigen Menschen, die von den Engeln inspiriert wurden, waren nicht mehr stark genug, die Entwicklung in Richtung Liebe zu lenken.

Die Erde zeigte den Menschen ihr Spiegelbild. Erdbeben, Vulkanausbrüche, Überschwemmungen und Stürme von unglaublicher Kraft waren die Folge. Die Menschen waren auf der Flucht vor der unbändigen Gewalt der Erde, aber es gab kein Entrinnen.

Die Erde brauchte die Menschen nicht, und nach unendlichen Qualen durch die Menschheit beschloss sie deren totale Vernichtung. Die Menschen hatten durch ihre Emotionen das Feuer entfacht, das sie letztendlich selbst zerstörte.

Als alle Menschen von der Erde verschlungen worden waren, atmete sie auf. Nun war Ruhe, Stille und Frieden. Alles würde von Neuem beginnen. Aber dieses Mal würde die Erde den Menschen kein Zuhause mehr geben. Kein Mensch würde jemals wieder die Erde betreten dürfen.

***

In diesem Moment durchfuhr Steve ein tiefer, unerträglicher Schmerz. Vielen hellsichtigen Menschen, den Engeln und Lichtwesen erging es ebenso.

Etwas Unheilvolles kündigte sich an, so als wäre etwas unwiderruflich vorbei. Ein Gefühl von Trennung und Verlust durchfuhr all die Seelen, die offen waren für diese Vision.

Einige weinten, andere beteten zu ihrem Gott. Dieser kurze Augenblick veränderte ihr Leben. Denn nun würden sie alles dafür tun, dass diese Vision nicht Wirklichkeit werden würde.

***

Lisa saß wieder auf ihrem blauen Kristall, diesmal aber hoch oben auf einem Berg. Sie sah auf einen Urwald hinunter und konnte in der Ferne ein riesiges Meer erkennen. Ein Bild des Friedens.

Lilli war auch wieder bei ihr und räkelte sich auf dem Rasen. Lisa sah sich weiter um und entdeckte eigenartige Pflanzen und Tiere, die sie nie zuvor gesehen hatte. „Wo bin ich?" fragte sie erstaunt. „Auf der Erde", antwortete Lilli.

„Eigenartig, es ist so schön und doch so fremd hier. Ich sehe auch keine Städte. Und wo sind die

Menschen?" wollte Lisa wissen. „Es gibt keine Menschen mehr auf dieser Welt", gab Lilli ihr zur Antwort.

Lisa schwieg lange Zeit und versank in die Geräusche der Natur. Schließlich fragte sie: „Ich bin der einzige Mensch auf der Erde?" Lilli antwortete: „Du bist ein Engel! Menschen dürfen diesen Planeten nicht mehr betreten."

Lisa sah Lilli irritiert an und fragte: „Das war's jetzt? Das wird geschehen?"

„Das wird geschehen, wenn ihr Engel die Seelen auf der Erde aufgebt", antwortete Lilli. Wieder schwieg Lisa eine Weile. Dann wollte sie wissen: „Es wird nie wieder Menschen geben?"

„Oh doch!" Lilli machte es sich auf Lisas Schoß bequem. „Die Konstrukteure der menschlichen Körper werden auf ihr Wunderwerk nicht verzichten, denn der menschliche Körper ist ein brauchbares Gefäß für die Seelen aus den geistigen Welten.

Seelen sind immer geistiger Natur und leben in Sphären, die ihrer inneren Haltung entsprechen. Einige haben sich schon in höhere Sphären entwickelt und sie fühlen sich dort wohlbehütet. Aber es gibt viele, die dort noch nicht angekommen sind.

Das kann sehr dramatisch sein. Viele von ihnen wandern in nebelhaften Sphären umher, denn wie innen so außen. In ihnen ist kein oder nur schwaches Licht und entsprechend ist ihre Welt. Sie leben in dunklen Höhlen oder armseligen Behausungen. Sie werden aufgrund ihrer rein geistigen Form niemals müde und können sich so noch nicht einmal in Träume flüchten. Sie wünschen sich nichts mehr, als näher am Licht zu sein, aber ihr Denken und Fühlen lässt das nicht zu. Viele haben kein Mitgefühl für andere, sie wertschätzen nichts und niemanden und deshalb müssen sie das leben, was sie sind.

Die Lichtsphären stehen zwar jedem offen, aber den Zutritt dazu muss man sich verdienen, indem man eine körperliche Form annimmt und in der dritten Dimension zu fühlen lernt und Liebe lebt.

Nirgends kann ein Wesen die Sinne wie Sehen, Hören, Fühlen, Schmecken und Riechen so intensiv wahrnehmen wie in körperlicher Form. Und aufgrund dieser Sinne sind unendlich viele Varianten an Emotionen möglich. Das Begreifen der dritten Dimension ist unerlässlich, wenn man in höhere Dimensionen aufsteigen will. Dafür brauchen die Seelen einen passenden Körper.

Leider haben sie ihre Chance verpasst. Menschliche Seelen werden keine Erlaubnis mehr erhalten auf den wunderbaren blauen Planeten zu gehen. Sie werden leider viele schöne Erfahrungen, die nur auf der Erde möglich sind, nicht mehr machen können.

Der nächste Planet, auf den die Seelen als inkarnierte Menschen gehen dürfen, wird öde sein, damit sie nichts mehr zerstören können. Denn das war das Letzte, was sie getan haben. Es wird den einen oder anderen Planeten geben, der ihnen Zutritt gewährt, damit sie lernen können, sich selbst und andere Lebensformen zu achten und wertzuschätzen. Aber ob die Erde ihnen jemals wieder Zutritt gewähren wird, kann nur sie selbst entscheiden.Und die nächsten Jahrtausende wird das nicht mehr der Fall sein."

Lisa sah Lilli traurig an: „Ist das nicht ein wenig hart? Es gibt viele wunderbare Menschen, die kurz vor ihrem Ziel stehen ins Licht zu gehen."

Lilli antwortete: „Ja, es ist traurig."

Lisa war empört:„Da ist doch aber das letzte Wort noch nicht gesprochen, oder? So wie ich das alles bisher verstanden habe, ist die Zukunft noch nicht geschrieben. Das was ich hier sehe ist eine mögliche Wahrscheinlichkeit und abhängig von vielen Bedingungen, die jetzt erschaffen werden."

Lilli stimmte ihr zu: „Das ist wahr. Wahr ist aber auch, dass die dir jetzt gezeigte Version derzeit möglich und wahrscheinlich ist. Dein Handeln kann eine solche Konsequenz auslösen.

Ob sie eintritt hängt davon ab, wie viele von euch aufgeben werden. Du gehörst zu den Engeln der Erde - das ist deine Bestimmung - ihr habt der Erde euer Wort gegeben.

Ihr seid viele. Ihr wolltet den Menschen Musik und Freude bringen. Ihr wolltet sie Mitgefühl, Sanftheit, Güte und Liebe lehren. Jeder auf seine spezielle Weise. Damit die Menschenseelen sich euch anschließen und so selbst eines Tages Lichtwesen werden können, die eine Welt voller Liebe erschaffen und mit dem großen Ganzen im Einklang schwingen. Nur wenn euch das gelingt, wird eine andere Wahrscheinlichkeit erschaffen, als die, die du gerade gesehen hast."

„Wie viel Zeit haben wir noch?" wollte Lisa wissen. „Ihr habt keine Zeit mehr. Alles geschieht bereits jetzt", antwortete Lilli. „Wenn du jetzt die Erde verlässt, ist die Wahrscheinlichkeit sehr hoch, dass dir viele folgen werden. Wahrscheinlich folgen dir sogar alle, denn du gehörst zu den Mächtigsten Engeln, du bist ein Engel der Liebe. Auch von euch gibt es viele auf der Erde, aber wenn ihr aufgebt, gibt die Liebe auf. Ihr seid die einzigen Engel, die

immer noch Hoffnung haben, wenn alle anderen schon längst kein Licht mehr sehen. Gibst du auf, kann das wie ein Startsignal für alle anderen sein, denn ihr seid alle miteinander verbunden."

„Willst du damit sagen, dass ich allein die Entscheidung darüber treffe, wie die anderen Engel handeln und was aus der Erde und der Menschheit wird?" Lisa war entsetzt über die Tragweite ihrer möglichen Entscheidung.

„Ja und Nein", gab Lilli zur Antwort. „Du bist eben nicht allein. Bereits der Flügelschlag eines Schmetterlings hat Auswirkungen auf die Welt. Alles ist Schwingung, alles hat eine Wirkung. Jeder Engel, jedes Lichtwesen oder jeder Mensch könnte derjenige sein, der etwas gravierend verändert. Jeder Einzelne könnte der Besondere sein, der eine Welt zum Einstürzen oder zum Leuchten bringt. Manchmal genügt eine einzige Stimme, um eine Kettenreaktion auszulösen, die die Welt verändert. Niemand weiß, ob er dieser Eine ist. Aber wenn du diese Eine bist, sind die Folgen gigantisch. Ja, du würdest dann eine Welle auslösen, die alle mitreißt, die so fühlen wie du. Und Nein, weil trotz allem jeder Einzelne einen freien Willen hat und seine eigene Entscheidung trifft."

Lisa überlegte. Dann fragte sie: „Also ich bin demnach ein Engel. Und die Menschen sind noch keine Engel, aber können welche werden?"

Lilli antwortete: „Alles Leben ist in Wahrheit geistiger Natur. Die Entwicklung kennt keinen Stillstand. Um bestimmte Erfahrungen machen zu können, benötigt man bestimmte Körper. Je näher man dem Licht kommt, desto lichter wird der Körper. Und zu den Körpern gibt es passende Welten. Die Materie ist nur eine mögliche Erscheinungsform.

Ich zeige mich dir zum Beispiel derzeit als Katze, diese Form gefällt mir. Wenn ich mich so zeigen würde, wie ich tatsächlich bin, dann würdest du mich nicht erkennen. Es gibt Millionen von Spezies, sie alle haben ihre Berechtigung zu sein. Erkennen kann man nur die, die dasselbe Schwingungsmuster haben wie man selbst - alle anderen bleiben unsichtbar. Es gibt Millionen von Welten, die Erde ist nur eine davon. Sie ist im Vergleich zu anderen Welten wie eine Wildwasserfahrt. Das Leben auf der Erde ist gefährlich, kurzlebig und besonders intensiv. Wer da durchgegangen ist, hat das Potenzial ein Engel zu werden, wenn er es schafft, der Liebe zu folgen."

„Es ist also möglich, dass mit mir alles endet oder sich alles zum Guten wendet", sagte Lisa. „Ich bin doch aber nur ein kleines Licht. Ich habe keinen Einfluss auf Politik - ich interessiere mich nicht einmal dafür. Ich kann tanzen und singen, das macht mir Freude. Aber das allein kann doch nicht genug sein, um die Geschicke der Welt zu lenken!"

„Oh doch!" widersprach Lilli. „Freude ist Liebe und das ist es, was die Welt braucht. Das ist eine Schwingung, die ein heilendes Netz um die Erde legt, an dem sich viele Menschen festhalten können. Dieses Netz erzeugt Energien, die so hell und leuchtend sind, dass die dunklen Energien in ihre Schranken verwiesen werden. Auch sie sind wichtig, das ist das Gesetz des Gleichgewichts. Aber alles muss an seinem Platz sein und darf nicht außer Kontrolle geraten. Wenn die dunklen Energien weiter Überhand nehmen, erkalten die Herzen der Menschen und das wäre ihr Untergang."

„Aber ich werde niemals alle Menschen erreichen. Die Aufgabe ist einfach zu groß für mich", Lisa fühlte sich klein und hilflos. Sie vergaß für einen Moment, wer sie in Wahrheit war.

Lilli erinnerte sie daran: „Du liebst was du tust. Mehr ist nicht nötig. Es genügt, wenn du mit dieser Liebe auch nur eine einzige Seele erreichst und in *ihr die Liebe weckst. Denn erinnere dich: Dieser eine Mensch könnte derjenige sein, der letztendlich nötig ist, um die Welt zu verändern!*

Es geht nicht um Mehrheit - es geht um Wahrheit. Die Mehrheit kann sich irren. Nur weil die Mehrheit für etwas ist, muss das nicht die Wahrheit sein. Es geht um Evolution! Es geht um Bewusstseinserweiterung und spirituelles Wachstum. Dazu genügt es, die kritische Masse zu überwinden. Du musst es begreifen! Die kritische Masse ist nicht die Mehrheit. Es ist eine unbestimmte Anzahl von Menschen, die jederzeit erreicht sein kann – auch durch einen Einzigen.

Wenn diese kritische Masse überschritten wird, ereignet sich ein globaler Sprung in der Evolution der menschlichen Rasse.

Ein Großteil der Menschen liegt - im übertragenen Sinn - wie du im Koma.

Du gehörst bereits dem Himmel an, du hattest es nur vergessen. Anderen geht es genauso. Erinnert euch, wer ihr seid! Mehr ist nicht nötig. Und die anderen sind nur einen Schritt vom Himmel entfernt, sie müssen nur die Liebe in ihrem Herzen zulassen."

Lisas Umgebung veränderte sich und sie befand sich dort, wo ihre Reise begonnen hatte. Vor langer

Zeit hatte sie in dem Kreis der Lichtwesen gestanden und die Hüterin der Erde sprach zu ihnen. Die Erde war durch die Menschen in Gefahr geraten und es musste eine Lösung gefunden werden.

Lisas kosmischer Name war Saphira und als Engel der Liebe verteidigte sie voller Leidenschaft die menschliche Rasse. Sie bat um Gnade und Hilfe für die künftigen Lichtwesen. Sie brauchten nur ein wenig Unterstützung, Vorbilder und liebevolle Führung. Dazu mussten einige Engel auf die Erde und sie war bereit dazu. Den Gegnern dieses Planes ging es allein um die Rettung der Erde, nicht um die Entwicklungsmöglichkeit der Menschheit.

Die Hüterin der Erde aber folgte Saphiras Ausführungen. Sollten die Engel es allerdings nicht schaffen Liebe zu säen, dann müssten die Menschen die Erde für immer verlassen.

Die Engel der Liebe - als stärkste Vertreter des Lichts - kennen nur die Liebe. Oft fehlt ihnen aber die Kraft etwas zu verändern und der Mut, die Dunkelheit zu ertragen. Ihr Wunsch zu helfen ist groß, aber die Gefahr ihres Scheiterns auch.

Zur Unterstützung der Engel der Liebe erklärten sich deshalb Vertreter des Sternenvolkes bereit, ihnen auf die Erde zu folgen. Sie sind weise und erfahren darin Visionen zu verwirklichen, und die Visionen der Erdenengel gefiel ihnen. Und auch die Lichtkrieger, die für Liebe und Gerechtigkeit kämpften, unterstützten den Plan.

Wenn diese Allianz aus Liebe, Weisheit und Kraft es nicht schaffen würde, Mitgefühl auf die Erde zu bringen und die Menschheit zum Umdenken zu bewegen, würde es niemand schaffen.

Lisas Ausflug in ihre Existenz als Saphira war beendet. Sie saß wieder in der Höhle auf ihrem blauen Stein und streichelte Lilli. Schließlich fragte sie:„ Ist Tom einer meiner Begleiter?"

Lilli antwortete: „Ja, Tom gehört zum Sternenvolk. Das Sternenvolk will um jeden Preis die Zerstörung der Erde verhindern, denn das hätte Auswirkungen auf andere Galaxien und somit auf das ganze Universum. Für Vertreter des Sternenvolkes ist es auf der Erde besonders schwierig, da das emotionale Chaos für sie nur schwer zu ertragen ist. Das Sternenvolk liebt die Klarheit und folgt zielgerichtet ihren Visionen. Sie betreten die Erde nur ausnahmsweise und selten. Tom folgte dir aus Liebe zur Erde und aus Respekt vor euch Engeln der Liebe."

Lisa dachte einen Moment an Tom. Er hatte klare Vorstellungen vom Leben und von dem was zu tun war, um ein Ziel zu erreichen. Er war ihr im Leben eine große Hilfe gewesen. Aber er hatte die Macht der Emotionen unterschätzt. So hat jeder eine andere Baustelle in seiner spirituellen Entwicklung, dadurch kann man Erfahrungen sammeln und wachsen. Lisa fühlte große Dankbarkeit für das, was Tom für sie auf sich genommen hatte. Und sie fühlte, dass es Tom gut ging, wo immer er auch war.

„Und wer ist der Lichtkrieger?" wollte Lisa weiter wissen. Lilli sah hinüber zur Kristallwand und antwortete: „Sieh hin."

Lisa sah drei Indianerkinder an einem Lagerfeuer sitzen. Da Kinder sich ihrer wahren Herkunft durchaus noch bewusst sind, schenkte ihnen der Große Geist eine Vision ihres Auftrages.

Lisa erkannte sich in dem kleinen Mädchen wieder. Im Feuerschein sah sie sich als einen Engel der Liebe, der die Aufgabe hatte, die Energien auf der Erde in Richtung Licht zu verschieben.

Alle drei Kinder trugen das Zeichen der Schlange als Symbol dafür, dass sie Söhne und Töchter der Sonne waren. Ihr Ursprung war das Licht. Sie selbst hieß `Weiße Katze, die in der

Sonne träumt´. In dem Jungen mit dem Namen `Sternentänzer´ erkannte Lisa Tom. Und der Lichtkrieger an ihrer Seite hieß `Der das Feuer zähmt´.

Die drei Kinder erneuerten in dieser Nacht den Treueschwur, den sie sich bereits als Lichtwesen gegeben hatten und wollten sich gegenseitig bei ihren Aufgaben unterstützen.

Lisa sah, wie die drei Kinder heranwuchsen und bei ihrem Volk, dessen Aufgabe es war, die Erde zu beschützen, alles über Wertschätzung und Achtung vor dem Leben lernten. Sie sollten ihr Wissen für immer im Herzen tragen, wo auch immer das Schicksal sie hinbringen würde.

In ihrem Leben als Lisa, war ihr `Der das Feuer zähmt´ noch nicht begegnet, aber sie hatte seine Anwesenheit im Kreis der Lichtwesen deutlich gespürt und sie wusste, dass sie ihn erkennen würde.

Lisa wusste, dass die Erde keine Kompromisse mehr eingehen würde - Lisa hatte keine Jahrhunderte mehr Zeit für ihre Aufgabe. Die kritische Masse, die notwendig war, um das Schicksal der Menschen zu wandeln, war noch nicht erreicht. Die Zeit dafür war Jetzt.

Lisa war sich der Tragweite ihrer Entscheidung bewusst und sie erinnerte sich, wer sie tatsächlich war. In dieser Welt war sie erwacht.

Lisa stand auf und trat vor die Kristallwand. „Ich muss zurück", entschied Lisa. „Darfst du mich begleiten?" fragte sie zu Lilli gewandt.

„Wenn du es möchtest, werde ich dir folgen", antwortete Lilli.

Lisa sah auf die Kristallwand vor sich und hoffte ihr Leben dort zu erkennen, aber das Bild blieb schwarz. Wie sollte es auch anders sein, das Leben, das sie suchte, lag im Schatten, denn dort war sie noch nicht erwacht.

Und doch war dies der einzige Weg zurück. Zurück ins Ungewisse - in ein Leben, dessen Verlauf noch völlig offen und abhängig von ihrem Willen, aber auch von ihrem Schicksal war.

Schließlich ging sie hindurch.

***

Genau in diesem Moment betraten Steve, Torsten und Janet Lisas Krankenzimmer.

Steve fühlte sofort eine starke Verbindung zu Lisa, deren Körper noch immer regungslos im Bett lag, während ihre Seele auf Reisen war. Steve wusste nicht, wo er sie finden würde, aber er spürte, dass sie ihre Wahl getroffen hatte. Sie war auf dem Weg.

Steve machte es sich in einem Liegesessel bequem, der neben ihrem Bett stand und für dieses Experiment in den Raum gebracht worden war.

Janet legte die von Steve mitgebrachte Kassette in den Rekorder und ließ Lisas Lied leise im Hintergrund abspielen. Während Torsten vorrangig auf die medizinische Geräte achtete, baute Janet einen medialen Kontakt zu Steve auf, um ihm dadurch den Rückweg zu erleichtern. Sie war der Mittler zwischen den beiden Welten und das erforderte ihre ganze Aufmerksamkeit.

Steve hatte richtig vermutet, dass er leicht Kontakt zu Lisa bekommen würde und so dauerte es nicht lange und ein Teil von ihm verließ seinen Körper. Aufgrund seines erhöhten Bewusstseins sah er nun Lisas silbrig glänzenden Lebensfaden, der mit dem liegenden Körper verbunden war. Steve verfolgte den Faden mit den Augen und sah, wie er in einiger Entfernung durch ein Tor aus dem Raum hinausführte. Das Krankenzimmer hatte mit dem

Raum, den Steve jetzt wahrnahm nichts mehr gemein. Und so folgte er der silbernen Schnur.

Vollkommen überrascht stand Steve plötzlich auf einem Jahrmarkt. Irritiert stellte er fest, dass der silberne Faden nicht mehr zu sehen war. Was hatte das hier zu bedeuten?

Neugierig sah er sich um. Es gab bunte Buden und viele Menschen auf diesem Platz, die teilweise merkwürdig gekleidet waren. Er bemerkte, dass die Kleidung der Menschen aus allen möglichen Zeitepochen stammten, es war ein wildes Durcheinander. Als er daraufhin an sich hinunter sah, stellte er fest, dass er eine weiße Kutte und goldene Sandalen trug.

Als er wieder aufsah, schien für einen Moment die Zeit wie in Zeitlupe abzulaufen und alle Menschen starrten Steve an. Er fühlte sich unwohl und wusste nicht, was er tun sollte.

Dann lief die Zeit normal weiter, und die Menschen wandten sich wieder ihren Vergnügungen zu. Allerdings nahmen sie weiterhin rege Notiz von ihm. Einige Menschen zollten ihm Respekt und zogen ihren Hut vor ihm, wenn sie an ihm vorübergingen. Andere aber sahen ihn wütend an und einige wenige spuckten ihm vor die Füße.

Wut kam in ihm hoch über diese offene Verachtung. Was fiel diesen Menschen eigentlich ein? Was hatte er ihnen denn getan?

Steve ging etwas schneller, denn er wollte diesen Ort so schnell wie möglich verlassen. Er fragte sich erneut, was er hier zu suchen hatte, als plötzlich ein Feuerschlucker vor ihm auftauchte und seine Kunststücke vorführte. Steve hatte für diese Art von Schaustellern noch nie etwas übrig gehabt. All diese Tricks und Illusionen, um die Menschen zu verdummen und in die Irre zu führen, waren ihm zuwider. Er versuchte deshalb den Feuerschlucker loszuwerden, doch dieser ließ sich nicht abwimmeln. Steve ärgerte sich über die Hartnäckigkeit und wurde immer wütender. Der Feuerschlucker fuchtelte mit brennenden Fackeln vor Steves Gesicht herum und begann mit ihnen zu jonglieren.

Was um Himmels Willen wollte dieser Kerl nur von ihm? Steve hatte inzwischen Angst, dass das Feuer ihn ernsthaft verletzen könnte und versuchte den Fackeln auszuweichen, die inzwischen regelrecht nach ihm geworfen wurden.

Plötzlich lief alles wieder wie in Zeitlupe ab, so langsam, dass die Fackeln fast in der Luft zu stehen schienen. Die vielen Augen, die auf Steve gerichtet waren, starrten ihn wieder an und er erkannte, dass es nur um ihn ging – allein um ihn.

Steve wurde in diesem Moment klar, dass der Feuerschlucker erst aufgetaucht war, als er selbst wütend wurde. Ihm fiel auch ein, dass er zunächst sein eigenes Bewusstseinsfeld durchqueren musste, bevor er Lisa suchen konnte. Steve hatte zwar damit gerechnet, aber irgendwie erwartet, dass er wieder in dem Tunnel landen würde, den er ja schon kannte. Auf das hier war er nicht gefasst gewesen.

Was ihm hier begegnete, waren seine Ängste, seine Wut und seine Schuldgefühle. Fast hätte er das nicht erkannt und beinah hätte er sich in dieser Welt verirrt.

Die Menschen, die ihn anspuckten oder die, die vor ihm den Hut zogen, waren nichts anderes als seine eigenen Gefühle. Es gab Dinge, auf die er nicht stolz war, aber es gab auch Dinge, die er gut gemacht hatte. Und all das wurde ihm hier gezeigt. Und das Feuer stand für seine eigene Wut, die noch immer in ihm brannte.

Alles hier war ein Ausdruck seiner inneren Welt. Selbst seine goldenen Sandalen hatten eine Bedeutung, denn sie standen für geistigen Schutz, auf den er immer vertrauen konnte und der ihm

Halt geben würde. Seine weiße Kutte stand für Erleuchtung und neues Bewusstsein, es wies hin auf seine innere Kraft zur Veränderung. Alles war schon in ihm.

Das erinnerte ihn an die Lichtwesen, als er für einen Moment ihren Kreis berührte. Er war kein Engel, aber er war ein Lichtkrieger. Irgendwie hatte er das immer gewusst.

All das, was er die letzten Jahre in seinem Leben verändert hatte, ergab einen Sinn. Wo auch immer er war, sei es im Himmel oder auf der Erde, er kämpfte für das Licht. Er war ein Teil des großen Plans, auf immer mit dem Licht verbunden und somit auch mit der allumfassenden Liebe.

In diesem Moment verstand er, dass er das Feuer von Wut und Hass zähmen konnte, im Außen und in sich selbst. Deshalb tat er was er tat, deshalb konnte er Tom stoppen und seinem eigenen Leben eine neue Richtung geben. Das war die Kraft, die in ihm wirkte - seine Bestimmung. Das war er.

Endlich konnte er sich so akzeptieren wie er war und was er war. Was auch immer er getan hatte, es war gut so, denn es brachte ihn an den richtigen Ort zur richtigen Zeit. Auch er musste sich nur erinnern - wie viele andere auch.

Als er das erkannte, erlosch das Feuer der Fackeln und das Szenario des Jahrmarktes löste sich auf.

Vor ihm standen seine Eltern, die ihn freudig begrüßten und in den Arm nahmen. Steve fühlte unendliche Dankbarkeit und konnte ihre Liebe annehmen, so dass sein Herz heilte. Jetzt endlich war er frei.

Als seine Eltern fort waren, sah er wieder die silberne Schnur und folgte ihr erneut. Es wunderte ihn nicht, dass sie ans Meer führte, wo sie dann endete.

Es war dunkle Nacht, ein einziger Stern blinkte am Himmel, hell und deutlich. Steve sah hinaus auf das Wasser und suchte nach einem Boot. Hier würde er Lisa finden, er würde ihr – wie der Stern am Himmel – ein Licht sein, um den Weg zurück zu finden. Wenn sie bereit dazu war. Steve entfachte ein Lagerfeuer und wartete.

***

Lisa saß in einem Boot, die Nacht war stockdunkel und sie hörte nur das leise Plätschern des Wassers. Dort wo alles begann, würde auch alles enden. Sie wusste, dass sie auf dem richtigen Weg war und wer ihre höhere Führung und ihre treuen Begleiter an ihrer Seite sein würden. Sie war voller Vertrauen und wartete.

Plötzlich blinkte ein einziger heller Stern am Himmel auf. Er zeigte ihr den Weg und sie wusste, dass das ein Hinweis vom Sternentänzer war. Sie begann in seine Richtung zu rudern und nach einer Weile sah sie in der Ferne ein Lagerfeuer brennen. Als sie näher kam, sah sie dort einen kleinen Indianerjungen stehen und sie erkannte ihn sofort. Es war `Der das Feuer zähmt´.

Steve sah ein Boot in der Ferne und als es näher kam, erkannte er Lisa, die von dem hellen Stern am Himmel beleuchtet wurde.

Nach einer Weile erreichte Lisa das Ufer, stieg aus und ging lächelnd auf Steve zu. Er war nun nicht mehr der kleine Indianerjunge, aber Lisa erkannte in ihm die Wesenheit, die sie im Lichtkreis gespürt hatte. Sie waren eins und sie würden sich immer erkennen, egal in welcher Gestalt sie sich begegnen würden.

In einiger Entfernung hörten sie ein wundervolles Lied und Hand in Hand gingen sie darauf zu.

***

27.Juli

Als Lisa im Krankenzimmer die Augen aufschlug, war es früh am Morgen. Die Sonne begrüßte ihre verlorengeglaubte Tochter und Steve konnte endlich ihre blauen Augen sehen. Lisa lächelte ihn an. Sie waren beide zur richtigen Zeit am richtigen Ort.

***

Eine weiße Katze lag auf einer Bank, hinter einem kleinen Haus am Rande der Stadt und träumte in der Sonne von einer schöneren Welt.

Über die Autorin

Angelika Bull ist Schamanin, Parapsychologin und spirituelle Beraterin:

www.s-e-e-l-e.jimdo.com

Es gibt von ihr einen weiteren mystische Roman über das Leben zwischen den Leben:

S.E.E.L.E.

du bist unsterblich

du kennst dein Ziel -

du hast es nur vergessen.

du kennst den Weg -

du musst ihn nur noch gehen

David glaubte, mit seinem Tod sei alles vorbei. Doch er hatte sich geirrt — es ist nie vorbei. Er betritt eine andere Wirklichkeit, nicht weniger wahr, als die vermeintliche Realität.

Wir alle schaffen uns unsere eigene Welt,

hier wir dort

- aber dort begegnen wir uns selbst

ISBN 3-89811-886-X

FSC
www.fsc.org

MIX

Papier | Fördert
gute Waldnutzung

FSC® C083411

Zeitfracht Medien GmbH
Ferdinand-Jühlke-Straße 7
99095 Erfurt, Deutschland
produktsicherheit@kolibri360.de